百科情报局 / 世界实在美，学会用脑追

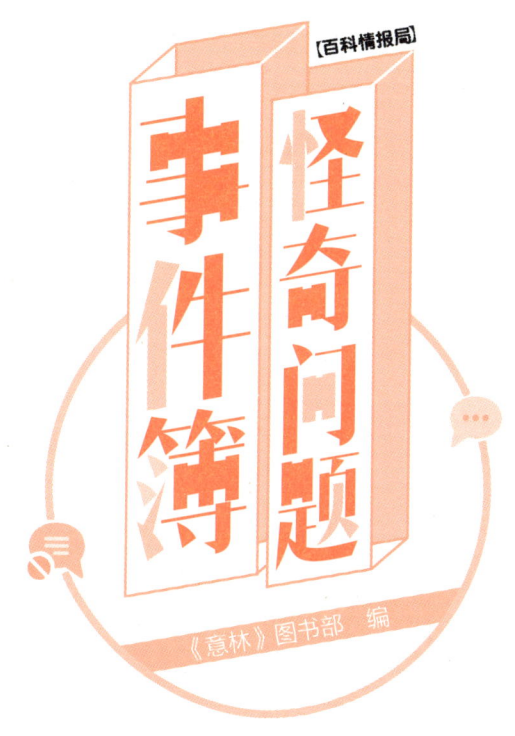

《意林》图书部 编

陕西新华出版传媒集团
未来出版社

百科情报局

图书在版编目（CIP）数据

怪奇问题事件簿 /《意林》图书部编. —— 西安：未来出版社，2020.4
（百科情报局）
ISBN 978-7-5417-6865-1

Ⅰ.①怪… Ⅱ.①意… Ⅲ.①科学知识—青少年读物 Ⅳ.①Z228.2

中国版本图书馆CIP数据核字(2020)第008661号

怪奇问题事件簿
GUAIQI WENTI SHIJIANBU　　《意林》图书部 / 编

编　　者：《意林》图书部	社　　长：李桂珍
监　　制：陆三强　杜普洲	丛书策划：王小莉　徐　晶
丛书统筹：王小莉　肖桂香	责任编辑：陈丹盈
特约策划：王征彬	美术总监：资　源
美术编辑：许　歌　刘海燕	封面设计：资　源
封面供图：尹玉君	技术监制：宋宏伟　刘　争
发行总监：樊　川　王俊杰	宣传营销：陈　欣　贾文泓
出版发行：未来出版社	地址邮编：西安市丰庆路91号（710082）
电　　话：029-84288355	印　　刷：天津中印联印务有限公司
经　　销：全国各地新华书店	开　　本：700mm×1000mm　1/16
印　　张：15	总 字 数：225千字
版　　次：2020年4月第1版	印　　次：2020年4月第1次印刷
书　　号：ISBN 978-7-5417-6865-1	定　　价：39.00元

版权所有，翻印必究

（如发现印装质量问题，请与承印厂联系退换）

目录

Chapter 1
嫌疑人X的现身
看不见的嫌疑人，究竟哪儿去了

3 消失于夜幕中的那个人，终于找到了
如何确定曹操是不是抱养的？印第安人真的问过"殷地安否"吗？我们的祖先是谁？他们从哪里来，又去了哪里？

7 嘘！它们在告诉我们凶手是谁
两个人为什么会有"夫妻相"？我们是谁，真由人体寄生"兽"决定吗？"微生物指纹"究竟是怎样一种神奇的存在？

11 他们是人，却并非我们的祖先
为什么说现代人都源自非洲？"人科"之下我们真的没有近亲吗？我们真是一场史前谋杀案的产物吗？"想象力"为什么对我们如此重要？

15 小心！未来你有犯罪可能
"恶人"是天生的，还是后天制造的？真有所谓"天生犯罪人"吗？如果有，怎样认出他们？他们的大脑与普通人有何不同？"读心"有用吗？

19 流言蜚语里洗不掉的血迹
流言真能杀人于无形吗？冤有头债有主，为什么在流言这里行不通？我不杀伯仁，伯仁为何因我而死？"流言止于智者"，智者该是什么人？

25 当人工智能变成人类杀手
人工智能会成为人类之敌吗？"机器人二定律"是什么？机器人犯罪应该惩罚谁？机器人可以被执行死刑吗？机器人可以有自己的权利吗？

Chapter 2
进击的智能
机器在想什么，我们的未来会怎样

33 人工智能拥有真正的创造力吗
人工智能拥有自我意识吗？它们如何画画、写作、创作音乐？人类创新的本质是什么？当机器人取代了我们的工作，我们做什么？

39 化身数字人类，在云端"永生"
人类能够永生吗？数字的你是否还是你？活在云端的人可以被关停吗？真人和数字人能否和谐相处？未来什么样，究竟属于谁？

43 把大脑放在网盘里，还差哪一步
为什么科学家研究大脑时，会把它当成计算机？人类大脑为什么如此复杂？如何才能复制一个完整的大脑？复制的大脑属于谁？我们能通过复制大脑获得永生吗？

47 人类会爱上人工智能吗
情感是人类独有的吗？情感的本质是什么？人会不会将情感转移到机器上？人工智能会不会爱上人类？

51 未来世界，上班还是玩游戏
孩子玩游戏可以，大人为什么就是玩物丧志？获得快乐是人类努力的终极目标吗？当每个人都能饱食终日时，游戏会是人类活下去的理由吗？

新思维的乐趣

聪明人怎么想，他们缘何与众不同

59 死人不会说话，活人总有话说

克隆的爱因斯坦能不能再次构建相对论？最安全的交通方式为什么被认为最危险？为什么"高手总是在民间"？为什么听了很多道理，还是过不好人生？

63 登月十二人中，没被"诅咒"的那个

月球上究竟有什么？月球上为什么闻起来有股火药味？登上月球的人为什么变得很疯狂？"登月魔咒"真的存在吗？

69 道歉都说了，何必再说"但是"呢

如何更科学地道歉才能赢得谅解？为什么道歉对很多人而言那么难？专门的道歉公司真的存在吗？为什么学会道歉是一生的修养？

73 用不到的知识，是否要学上二十年

方向感为什么跟语言有关系？语言缘何影响我们的思维方式？语法里可以读出等级观念吗？学习究竟学什么？思维定式应该怎样去突破？

77 世界先爱了我们，对此岂能只字不提

有趣的灵魂什么样？无趣怎样劫持了我们的大脑？世界先喜爱了我们，我们如何更好地喜欢这个世界？如何把无趣的事做得更有趣？

81 作为世界名画，怎么可以这么丑

觉得《蒙娜丽莎》不美是哪里有问题吗？为什么毕加索的画作总是丑到爆？谁能决定一幅画是不是名画？

85 后来的孙悟空，为什么总是不如人

孙悟空遇到唐僧后为什么总是被人打？横扫天下的金箍棒怎么突然不灵了？"自由创业"的妖怪们真的更厉害吗？一部好作品如何才能有格局？

科学的革命

科学这部小说，为什么可以描述整个宇宙

91 我们对科学有多少误解

科学理论都是正确的理论吗？什么是科学？科学精神的本质是什么？功利主义的科学观有哪些局限？我们应该如何更好地了解科学？

97 数学是一种发明，还是一种发现

1+1=2为什么在全世界都是正确的？数学公理既然不能被证明，为什么却不是错误的？数学是一套虚构的游戏规则吗？如果数学是虚构的，为什么又能描述宇宙？

103 科学疯子为什么让人害怕

基因为什么总是自私的？基因能够造出完美的人吗？技术成熟，我们应该将人类正常的进化骤然提速吗？人类的脆弱是缺陷，还是高贵之所在？生命的本质是什么？

109 打通任督二脉，人人都是天才吗

我们每个人是否都具备某些沉睡中的天赋？通过智商测试真的可以发现明日奇才吗？为什么我们会觉得天才总是有缺陷？天才取决于左脑还是右脑？

Chapter 5
逼近的厄运
我们天生不幸，还是一些问题没弄清

115 输在好运上的人，到底哪里有问题
人们为什么总是担心好运气会用完？一系列好事之后，必然会有坏事发生吗？总是"很倒霉"，问题究竟出在哪儿？想要"交好运"，我们应该怎么做？

119 走运的你与不走运的你，最后谁会赢
走运的你与不走运的你，未来会在同一条路上会合吗？人生究竟有没有"走运"这件事？为什么幸运的人总是很幸运？一时不幸，如何才能逆转人生？

123 既然很糟，人类为什么还会做蠢事
进化为什么没有消灭愚蠢这件事？那些"倒霉"的人，缘何总是自信心爆棚？"功能性愚蠢"是怎么一回事？什么样的蠢事最后可以成为创举？

129 侥幸的成功者，背后谁在帮他们
改变历史的人是不是冥冥之中天注定？惊人的巧合背后，谁在起作用？失败者为什么要努力？成功者为何需感恩？

133 专家还是我们，究竟谁更不靠谱
为什么专家常常让人觉得不靠谱？到底是他们的问题，还是我们的问题？专家为什么也会在自己的领域犯错？极小概率事件应该如何去对待？

139 为什么有些小伙伴总能交上桃花运
男生女生最后在一起，什么来决定？现代爱情里，门当户对对不对？喜欢一个人需要理由吗？美好的爱情是否注定不属于多数人？

Chapter 6
离奇的医学
疾病如何以匪夷所思的方式改变历史

145 他们不生病，世界会不会不同
疟疾如何让英国人获得了自由的权利？腹泻又是怎样改变了美国南北战争的历史？肺结核症状曾是女性美的标志吗？欧洲的吸血鬼传说究竟是怎样诞生的？

151 疯狂的自我人体实验
被送上绞刑架的人确实死于窒息吗？为了满足求知欲，是否可以罔顾自己的生命？严肃认真和哗众取宠的界限在哪里？有人轰动一时，有人悲惨死去，疯狂值得吗？

155 被吓死的病人，问题出在哪儿
消极思想和想象的力量真能令人死亡吗？安慰剂确实有效吗？医药说明书中的副作用我们应该在意吗？医生怎样说话才能让病人好得快？

159 不幸的海瑞塔：为科学"永生"
有没有可以永远不死的人体细胞？"海拉细胞"是怎样一种令人惊奇的存在？人类有一天真的可以不死吗？改变了世界的海瑞塔究竟是什么人？

163 爱因斯坦的大脑害了什么"病"
为什么我们会有智商上的差异？聪明基因真的存在吗？改造人类智慧的可行吗？如果可行，谁有权利决定我们更笨还是更聪明？

167 动起来，赢取大脑的奖赏
"懒癌"和"跑嗨"是怎么进化而成的？"每天两小时"能让运动发挥最佳效益吗？对普通人而言，多少时长的运动是合适的？走路不算锻炼吗？

Chapter 7
舌尖上的风暴
吃如何改变我们，让今天不再是昨天

175　幸运如你我，都有一个中国胃

孔子吃肉为什么一定要蘸酱？古人的卤肉饭和今天比，哪个更好吃？面条到底是不是我们发明的？炒菜和乱炖比，哪家技术强？古人说的辣，居然和辣椒没关系？

181　几十年前，最好的香蕉已"团灭"

香蕉会在三十年后消失吗？我们吃的香蕉为什么全是替代品？香蕉+牛奶才是香蕉的本味吗？"香蕉式淘汰"到底是怎么一回事？

185　你尝到的甜到底是什么甜

为什么只有人类那么爱甜食？"蜂蜜"为什么曾是所有甜味的代名词？枫糖是种什么糖？巧克力是怎样被发现的？"可以吃的肥皂"又是什么东西？

189　就是这种味儿，能让我们从睡梦中惊醒

芥末在甲骨文时代已经出现了吗？孔子也对芥末情有独钟吗？让鼻窦爆炸的芥末味究竟从哪儿来？为什么说没有什么毛毛虫是一座孤岛？

193　食物——人工的究竟糟在哪儿

为什么我们总觉得自然的食物更好？肉鸡比柴鸡真的更有营养吗？人工驯化是怎样一种筛选过程？所谓自然的生活方式，早已消失了吗？

197　少吃可以吗？"但我身不由己啊"

吃货之所以是吃货，可能只是用错了餐盘？使用瘦高酒杯，能让我们少喝酒吗？只要食物唾手可得，你就会多吃？餐厅里有没有所谓"不健康座位"？

201　看还是听，要腰围还是要声音

歌剧演员为什么总是比较胖？胖瘦真的影响我们的歌声吗？为什么瘦不容易让人笑，胖却容易？演员观感不佳，歌声还美吗？

Chapter 8
此地之外
另一个世界，如何让我们变得不一样

207　月球的背面有什么

月球的正面和背面为什么差异巨大？月球的背面真有外星人活动？月球是空心的吗？月球为什么现在是这样的？以前是什么样的？以后又会变成什么样？

211　东西方思维方式差异之谜

种水稻还是种小麦，也会影响思维吗？为什么东方人重视集体，而西方人强调个体？东西方思维方式的差异是怎么产生的？对细菌的反应让我们成为东方人吗？

217　这是一座靠北的城，禁止生育与死亡

死亡也会违背法律吗？病毒在极地为什么很可怕？"末日粮仓"是怎样一种事物？环境怎样影响着我们的人生？

221　菜地里的土壤都被蚯蚓吃过了吗

我们脚下的泥土从哪里来？地球生成的时候就有吗？造土大军中的功臣都有谁？泥土为什么突然不够用了？它们都去了哪里？

225　日本文化里为什么"妖风"扑面

日本的"妖怪资格考试"是怎样一种存在？日本文化里的妖怪为什么那么多？让贞子成为贞子的"怨念"到底是为什么？中国古代的妖怪是怎么跑到日本的？

229　是时候让自己与地球融为一体了

不见阳光的我们哪里有问题？除了阳光，我们为什么也会感受黑夜？我们到底需要多少光照？今天，我们还需要与地球作息相呼应吗？

> **开个脑洞**
>
> 如何确定曹操是不是抱养的？印第安人真的问过"殷地安否"吗？我们的祖先是谁？他们从哪里来，又去了哪里？

消失于夜幕中的那个人，终于找到了

1

芭芭拉·雷凡特曾作为影响世界的年度人物登上过权威的《自然》杂志，她利用开源的DNA（基因）数据找出了几十年前犯下数十宗性侵、杀人案的"金州杀手"，而这可以归结为信息时代生物技术与大数据的功劳。

"金州杀手"的名字叫约瑟夫·詹姆斯·迪安杰洛，他是美国加利福尼亚州一名前警察，生于1946年，被捕时72岁。他涉嫌在20世纪70—80年代至少杀害了12人，强奸50人，以及犯下数十起抢劫案，但警方一直无法抓到他。

他作案时一般戴头套、手持利刃或手枪，专门对在独立屋内熟睡的单身女性或者夫妇下手。由于无法破案，美国作家米歇尔·麦克纳马拉为这名凶手起名为"金州杀手"作为代称。在媒体报道的发酵作用下，金州杀手引发的恐惧，甚至从美国蔓延到欧洲，很多人认为金州杀手比19世纪80年代英国的"开膛手杰克"

还要凶残。

2016年，米歇尔·麦克纳马拉去世，她的丈夫和同事把她在杂志上发表的关于金州杀手的故事和建立的"真实犯罪日志"整理成书，于2018年2月出版，该书一度登上《纽约时报》畅销书排行榜首位。米歇尔·麦克纳马拉等人的报道让美国公众持续关注这个案件，也迫使警方一直不懈地调查。同时，美国联邦调查局（FBI）还建立了一个网站，悬赏五万美元搜集嫌疑人的信息。当时对金州杀手的描述是，白人男性，身高接近六英尺（约1.83米），头发金黄色或浅棕色，体格健壮，年龄在60岁到75岁。

雷凡特是美国加利福尼亚州的一位遗传家谱学家，主要利用家族系谱从事亲子认定、身份鉴定等方面的工作。此外，她还是一家非营利机构——"搜寻天使"的一名志愿者，这个机构的主要任务是指导和教会被收养者利用DNA寻找亲生父母。

2015年3月，圣伯纳汀诺县警方向雷凡特发出一封电邮，希望她利用DNA鉴定技术协助追踪一名被绑架孩子的亲生父母。雷凡特马上利用DNA资料进行搜寻，不久就成功找到了这名当年被绑架的女孩的亲生父母，附带的成果是侦破绑匪案并逮捕了凶手。

此后，雷凡特声名大振，并被加州一位已退休的犯罪实验室主任荷尔斯注意到。2017年3月，荷尔斯写信询问雷凡特，是否注意到几十年来都没有查到的金州杀手？并告诉她，如果她愿意，这封信就作为正式的邀请函，请她加盟追踪金州杀手。经过半年的考虑，雷凡特以志愿者的身份，在2017年10月正式加入追踪金州杀手的行列。

雷凡特利用了一个名为GEDmatch.com的网站，这个网站的数据库里有约1700万份个人自愿提供的DNA数据档案，并向所有人免费开放，人们可以利用这个网站的数据库来比对和寻找生物学上的亲属，包括父母兄妹、堂亲和表亲等，或

者制作详细的家族谱系,因此该网站受到家谱追踪者、研究者与失踪儿童家庭的青睐。

雷凡特知道警务部门保留有1996年和之前金州杀手在多处犯罪现场留下的DNA样本,便提出把样本信息上传到GEDmatch.com网站,希望通过该网站庞大的DNA数据来寻找与现场样本相匹配的数据,从而找到凶手。

追踪相似的DNA并非一件容易的事,通过比对100多万份DNA样本,雷凡特先是利用嫌疑犯遗留在现场的DNA追溯到其曾祖父母,接着持续缩小范围到仅剩九名可能的嫌疑人,最后找到嫌疑犯一位近亲进行验血,发现她是嫌疑犯迪安杰洛的母亲那一方的表姐妹。

2018年4月,范围进一步缩小,嫌疑人被限制在6个人以内。随后DNA数据的一个重要特征是蓝眼珠,而嫌疑犯迪安杰洛拥有蓝色眼珠。再结合所有的DNA数据,雷凡特终于确认,金州杀手就是迪安杰洛。警方迅速逮捕了迪安杰洛,再次提取迪安杰洛的一份DNA样本,经过检测,与过去在犯罪现场遗留的样本确实一致。

案件破获后,雷凡特表示,功劳并非属于她一个人的,也属于GEDmatch.com网站。

GEDmatch.com网站的总部在佛罗里达州一幢黄色小房子里。追踪金州杀手是这个网站办成的第一件大案,仅此一件事就让它声名鹊起。此后,这个网站凭借提供DNA数据破获了更多大案。于是,这个网站无意中颠覆了美国调查人员破解最棘手悬案的方式,并因雷凡特成为年度科技人物而成为网红。

《科学》杂志的一篇文章指出,数年内,几乎每个北欧血统美国人的DNA都可以通过GEDmatch.com数据库中的表兄弟姐妹与堂兄弟姐妹来识别,这些人是该网站的主要用户。

然而,当雷凡特与GEDmatch.com走红后,也引发了人们的忧虑。一个人的基因数据,不仅会暴露其个人的隐私,而且会暴露所有和他有血缘关系的人的个人

隐私。执法人员通过宗谱网站查找嫌疑人,可能会引发伦理层面的质疑,因此,很多人并不同意警方搜查自己的基因档案,将之与犯罪现场的证据进行比对。

此外,海量的个人基因信息是一笔宝贵财富,在药物研发、疾病诊断、生命研究和亲子鉴定、生物识别方面拥有无穷的价值。2018年7月,一家基因检测公司就和世界著名的制药公司葛兰素史克达成了三亿美元的交易,创下了基因数据交易额的纪录。所以,如果没有相应的法律保护,未来个人和社会的安全很可能就得不到保障。(文/张田勘)

> 随着生物技术的发展,如今人们已经可以从古人类身上直接提取到DNA,比较我们与几千、几万年前人类的关系。数据的积累,几乎重写了人类起源、迁徙和演化的历史。DNA中所蕴含的信息,也许最终可以告诉我们:我们是谁,从哪里来。追溯祖先、确定亲缘关系、定位罪犯……生物技术的发展,开创了太多我们意想不到的前景,这无疑是一个神奇而值得探索的领域。

 两个人为什么会有"夫妻相"?我们是谁,真由人体寄生"兽"决定吗?"微生物指纹"究竟是怎样一种神奇的存在?

嘘!它们在告诉我们凶手是谁

看起来,这是一个毫无破绽的案发现场。没有留下指纹、DNA,监控失效,警方甚至连嫌疑人衣物上的微量纤维都找不到。很显然,作案的是一个反侦查能力很强的凶手,他似乎连气息都没有留下。

破案只花了一天时间。警方用一台微生物传感器扫描了房间内的空气,就通过比对锁定了犯罪嫌疑人。出卖他的,是他身上携带的微生物群,它们会在每一个地方留下痕迹。在技术面前,这些痕迹就像飘浮在空气中地无形的二维码,轻轻一"扫",就能锁定每个人独一无二的身份。

在美国俄勒冈大学詹姆斯·梅多研究团队设计的这次实验中,犯罪嫌疑人几乎无处遁形。为了加大侦查难度,他们甚至给实验中的嫌疑犯穿上了统一消毒的衣物和鞋子。

在肉眼不可见的微观世界,生活着数十万种微生物。它们几乎无处不在,不到20分钟就能繁殖一代。在人体内的肠道中,生存着大概10万亿个细菌,决定着人类的健康状况。

按照科学家的说法,人体内的微生物数量大约是自身细胞数的10倍。他们发现,这些微生物不仅在医疗健康领域有着广泛的应用前景,还储存着每个人独一无二的遗传信息,被称为人类的"第二基因组"。

在我们的毛发和牙齿上,脏器和骨骼里,泪痕和血迹中,微生物繁育滋长,诉说着关于主人的秘密——他是肥胖还是瘦弱,将来中风、患糖尿病的风险如何,家住哪里,反应速度快不快,性格是否急躁,学习能力强不强。人们常说的"夫妻相",就是因为家庭成员,尤其是夫妻二人的微生物生态环境接近,从而导致性格、行为习惯甚至相貌越来越相似。

美国哈佛大学公共卫生学院的诺厄·菲勒一直在生活的各种角落寻找微生物的秘密。"每个人手上平均有150种微生物,其中只有不到20种可能出现在另一个人的手上。"在研究中,他们可以轻易判断一部手机的拥有者,或者数天前某人是否使用过某台电脑。

这些微生物脱离人体后仍然能够存活相当长的时间,不会受到温度、光照、湿度变化的影响。对人类而言,想摆脱它们也是一件相当困难的事情。即使你反复洗手,换上刚刚消毒的衣物,微生物群还是会以原来的组合方式重新出现。这些阴魂不散的幽灵吃准了你的生活习惯,无声地讲述着你到过的地方、接触过的人、吃过的食物以及独特的生理特征。

准确度高、留存时间久、难以抹去和仿造,微生物简直是完美的破案工具。在刑侦领域,微生物群落还会形成法医领域所谓的"微生物指纹",透露出受害人的死亡时间、死因等。

当人咽下最后一口气,机体反而变得更加"活跃"。在几秒钟的时间里,血

液不再流动，耳朵最先变冷，细胞开始缺氧，身体组织的酸性增强，大量酶从破碎的细胞中逸出，所有的内脏都在腐烂，多数微生物都很享受这种变化。

人体内的这些化学变化还会吸引昆虫和动物，它们产卵、吃掉软组织，甚至拔走毛发填充巢穴。这些变化都在科学家的计算之中。当凶案发生，警察可能会提着几十斤重的工具箱赶往现场，借助科学的力量调好这台"微生物时钟"，将死亡时间的估算精确到小时。

DNA、指纹往往被认为是个体独一无二的特征，但犯罪现场往往不会如警方所愿。多孔的布料上难以留下罪犯的指纹，DNA检测也需要血液、唾液等人体组分才能进行。遇到双胞胎时，连最优秀的刑侦大师都会束手无策。

信息时代，识别身份的压力落在所有信息安全工作者的头上。他们尝试过利用眼球虹膜、手指静脉图像鉴别身份，甚至连一个人走路的姿势都曾被寄予厚望。现在他们多了一项武器——只靠微生物就能锁定目标。

在小说和影视剧里，侦探主角总能通过几乎不可见的细节破案。现在，这些艺术加工下的想象正在成为现实。罪犯想要隐藏自己变得越来越难。透露身份和行踪的泄密者本就无处不在，我们只是更能听到它们的声音。（文/王嘉兴）

> 每个人的身体都是一个巨大的微生物温床。这些微生物不仅真正地把我们的身体当成家，还能影响我们的思想和行动。实际上，"我"之为"我"，也有它们的功劳。信息时代，一个人的身份无疑可以通过各种渠道去确证。我们掌握的知识越丰富，这样的信息显然就越多。所以，重要的是，如何获得新的知识，进而扩展新的渠道。

> **开个脑洞**
>
> 为什么说现代人都源自非洲?"人科"之下我们真的没有近亲吗?我们真是一场史前谋杀案的产物吗?"想象力"为什么对我们如此重要?

他们是人,却并非我们的祖先

在课本里,我们知道了70万年前生活在中国的元谋人、蓝田人,以及20万年至30万年前生活在中国的北京猿人。这种排序容易给人一种错觉,似乎我们的祖先从距今70万年前起就开始生活在这片土地上,经过旧石器时代、新石器时代,一步步演化为今天的中国人。这种观点就是"独立起源说"。

在生物学上,无论元谋人、北京猿人还是欧洲的尼安德特人,都不属于智人,而目前世界上的所有人类,则都是晚期智人的后代。我们和他们之间,并不存在进化上的直接联系。事实上,人类的进化,并非我们想象中的直线型:从"匠人"变成"直立人","直立人"再变成"尼安德特人",而"尼安德特人"再变成我们。

人类进化之路更像是树枝的生长:除了我们这些晚期智人外,还有许多其他人科的物种，比如尼安德特人、丹尼索瓦人、弗洛里斯人，以及生活在中国的北京猿人，等等。他们和我们同根同源，但是在不同的阶段分离出来，各自演化成为不同的人。

这种论断的根据是分子人类学，分子人类学是20世纪60年代开始兴起的一门新学科，指的是通过分子生物学手段对不同人群中同源蛋白质、核酸等生物大分子进行序列分异度比对，来研究人类的起源和进化等人类学问题的方法。该学科虽然很年轻，对考古学界观念的改变却是革命性的——在此之前，很多考古学者与普通公众一样，把直立人种的猿人想象成了人类的祖先，因此还出现过席卷全世界的"挖猿人竞赛"，各国争相试图挖出比其他国家更古老的猿人化石，以证明自己的民族更为古老。然而，分子人类学对人类基因的考证推翻了这种幻想。

1987年，分子人类学家对居住在各大洲的现代妇女胎盘DNA进行了分析。分析发现，世界上的所有人类，其祖先都是20万年前的一位东非女子，她被科学家们称为"夏娃"，夏娃的子孙在非洲繁衍了10余万年，直到距今7万年前才开始走出非洲，并迅速扩散到全世界，成了当今统治整个地球的现代人。

这种假说即"非洲单源论"。"非洲单源论"解释了很多"独立起源说"无法解释的问题，比如世界各地的现代人虽外貌差距很大，但身体本质上的差距很小。然而，另一个问题应运而生——既然我们的祖先距今7万年前才走出非洲，之前活跃在世界各地数十万年的各种"人"又到哪里去了呢？

有一个令人恐惧的细节，在我们这个世界上，猫科动物有很多种，比如狮子、老虎、豹，再到家养的波斯猫、长毛、折耳；犬科动物也有很多种，比如狼、狐狸，再到家养的泰迪、京巴、哈士奇。唯独人类，却只有"一种"，或者用生物学说法来表达，目前世界上的所有人，都是人科、人属、人种的生物（所谓黄种人、白种人之类只是亚种），而且这个科下只有我们这一个种群（有些动物保护主义者试图把大猩猩拉到人科来）。

想看我们同科的近亲吗？那你必须去博物馆，因为无论直立人、尼安德特人，都早已灭绝了。

是什么灭绝了我们这些生物学上的近亲呢？显然不是狮虎之类的猛兽，因为"他们"已经学会了用火和石器，站上了食物链的顶端。气候灾变似乎也不太可能，因为"他们"的足迹已经踏遍了全世界，甚至穿上了衣服，可以适应各种气候。

那么，就只剩下了一种可能，这些"人"是被世界上唯一一种比"他们"更强大的生物灭绝的——我们智人。

目前几乎所有证据都在暗示，在距今7万年前智人走出非洲以后，曾经发生过一次遍及整个欧亚大陆的"人科内战"，我们的祖先要么直接杀死了那些更早生存在亚欧大陆上的"近亲们"，或者是抢走了他们的食物。总之，这场内战的最终结果是智人的完全胜利。

生活在东亚的直立人因为已经与智人产生了生殖隔离，被彻底灭绝。生活在欧洲和近东地区的尼安德特人情况稍好一些，现代人拥有1%~4%的尼安德特人基因，这些基因能够帮助我们很好地消化肉食（将脂肪转换为能量和身体所需的养分），更抗冻耐寒，但糖尿病、肥胖等遗传疾病都拜这些基因交流所赐。

这场"人科内战"可能十分漫长且惨烈，比如有证据显示，距今10万年前，智人曾经尝试冲出非洲，但遭遇了尼安德特人的强烈狙击。这种进化上十分成功的"人"拥有比我们更粗壮的四肢甚至更大的脑容量，所以挡住了智人的侵袭。但随后智人发生了所谓的"认知革命"，通俗地讲，就是"开脑洞"。

我们的祖先开始能想象一些现实中不存在的东西，比如"神明"，比如"灵魂"。这些看似无用的幻想让智人能够以更大的规模组织在一起，而不是像尼安德特人那样只能组成十几人的小团队。很快，尼安德特人发现他们根本战胜不了那些智人——他们发起排山倒海的冲锋，用以团结这群人的"口号"是尼安德特人无法

理解的抽象概念。可能正是这些"口号"决定了两个种族的命运。

总之,几乎所有我们进化学上的近亲都被我们灭绝了,他们以矮人、兽人、魔鬼和山魈等形象留在了我们祖先用神话记载的群体记忆中。而在这场史前大屠杀的血泊中,智人一步步建立了如今的文明社会。

讽刺的是,真相虽然这般残忍,但也许我们还应当感谢这场"灭绝"在史前就已经发生。试想一下,如果尼安德特人或直立人的后代真的活到今天,我们应该怎样对待这些加引号的"人"?"他们"与我们有着相似的智商,却无法理解法律、产权这样的抽象概念。"他们"永远无法遵照社会规范行事。那么,他们到底算不算人?我们该拿他们怎么办?(文/王 昱)

> 有学者指出,"想象"帮助我们创建了人类文明,这也是我们与其他物种最大的不同之一。我们想象出来的各种抽象概念,逐渐构成了各种文化。假如真有一批我们的"近亲"出来捣乱,无法理解和认同各种抽象概念,人类的文明规范也许就无法建立。这大概就是人类发展的悖论吧——我们今日之所以能如此文明,正因为我们的祖先曾那般残忍。

"恶人"是天生的,还是后天制造的?真有所谓"天生犯罪人"吗?如果有,怎样认出他们?他们的大脑与普通人有何不同?"读心"有用吗?

小心!未来你有犯罪可能

有研究者称,通过扫描大脑可以判断哪些人有犯罪倾向。那么,罪犯的大脑与普通人到底有什么不同?

19世纪上半叶,伪科学颅相学在欧洲受到追捧。法国解剖学家加尔认为可以根据人类颅骨形状判定人的一些心理特征,他声称通过简单触摸颅骨,就能推断一个人是少年天才还是著名罪犯。加尔的颅相学理论一出现,立即引起了广泛关注,直至几十年后才有人对此提出质疑。加尔的理论是人类历史上用科学来回答大脑构造是否会对个人心理特征产生影响的一次尝试。

19世纪70年代,"犯罪科学之父"意大利人龙勃罗梭通过研究在监犯人,断定可以通过身体构造辨别出罪犯:他们的手臂格外长,且脸型特别。他说:"罪犯的耳朵通常都很大。有些小偷常常鼻孔朝天。"后来,龙勃罗梭的发现也遭到

反驳，但关于谋杀犯是否与常人大脑不同的研究持续了近一个世纪。20世纪80年代，大脑功能扫描技术的发明，革新了我们对大脑内部运作的认识。

19世纪90年代，法国开膛手约瑟夫残忍杀害了十几个人后被判处死刑，后来其大脑被分割成片进行研究，但这一研究并未有突破性进展。与此同时，犯罪学作为一门复杂且系统的科学诞生了：除社会因素外，犯罪学还应考虑到罪犯的基因、个人心理特征和行为特征等。引发罪犯犯罪的，除了心理动机外，还有其他精神方面的重要因素。例如，许多连环杀手缺乏感知他人痛苦的能力，同情心丧失，与人格格不入等。

精神障碍犯罪学专门研究犯罪倾向与大脑之间的相互关系。正常人和杀人犯的大脑扫描图对比显示，杀人犯大脑中控制情绪冲动的前额叶皮质层区域不活跃，产生情绪的杏仁核区域却相当活跃。研究显示，出现这种情况可能是因为他们在童年受到了虐待。当然，只有一小部分人会因为童年不幸而走上犯罪道路。

研究人员在对一个荷兰家庭进行研究时，发现他们有家族暴力史，一家人都缺乏同一种基因。这种基因能制造一种可以控制情绪的酶。没有这种基因的人，就会有暴力倾向。很多人有这种基因，但这种基因是否被激活，还在于童年生活过得怎么样。如果一个人有着相当危险的基因，而他的童年生活又很扭曲畸形，那他一生中犯罪的概率就会高得多；而如果一个人的高风险基因没有被激活，那他其实也没什么危险。所以，罪犯的形成既有先天因素，也有后天因素。

2013年，一位神经学家声称在人类大脑中发现了"生恶中心"。这一发现引发了科学界的争议，很多人认为这一理论实在难以令人信服。然而，有一种现象毋庸置疑：一些守法公民在患上脑肿瘤或脑部受损后会表现出反社会行为，而通过手术治愈后，他们的行为便可恢复正常。不过，凡事不能一概而论，罪犯所处的社会环境及其生活方式，不少情况下是最终酿成恶果的主要因素。

科学家目前还没找到能在法庭上证明罪犯有罪的可靠方法，但神经科学已经提出了质疑整个司法体系的问题：法官、陪审团和检察官有多公正？法庭是否应该依赖证人的证词，又是否应该相信测谎仪？

法律的复杂性要求，法庭在审判时不仅要考虑罪行导致的结果，还要弄清行为人的意图以及犯罪行为是故意的还是偶然的。例如，1963年，李·哈维·奥斯瓦尔德预谋刺杀肯尼迪，在总统车队经过的建筑里藏好步枪，一直蹲守，最后射杀了肯尼迪。但1964年在澳大利亚，法庭认为成功抢劫了商店的罗伯特·瑞安杀害收银员只是个偶然事件，因为他在离开商店时绊了一跤，不小心扣动了扳机。

1843年，英国首相罗伯特·皮尔开始尝试将神经科学引入法庭。人们逐渐意识到大脑构造可能和认知状态有关，大脑扫描成像也开始出现在法庭上，它们被作为证据来解释罪犯为什么会以某种方式犯罪。然而，这些大脑成像真的可以成为证据吗？

大多数神经科学家坚信，目前还不能。律师和研究人员都怀疑，这样的图像是否真的能有力地举证——没有科学经验的法官和陪审团是否了解这种方法的局限性，以及如何根据图像得出客观结论。令许多神经科学家担忧的是，研究人员在法庭上展示大脑图像，并以此帮助法官给被告人量刑，会不会让这种方法太具有权威性？有调查研究发现，不少时候，人们在听取了一些关于心理现象的描述后，就算没看到任何科学的资料，也会认为这些信息是可靠的。

精神状态对于定罪很重要。未来，随着人们对精神学研究的不断深入，它将对我们了解自己以及如何在法律范畴应用精神学产生巨大影响。读心——对一个人心理状态的判断，这一直是一个敏感话题，因为臭名昭著的测谎仪一直以来被认为是"读心神器"，但其测试结果往往并不令人满意，测谎结果很少被法庭采信。

与此同时，社会上也出现了其他一些"读心"的方法。许多评论家说，这些方法得出的数据还不能保证百分之百可靠，况且，任何一种测试都不能保证永远不出差错。但也有学者并不认为这种技术广泛使用的时机尚未成熟。在他们看来，诉讼目的和科学目标是完全不同的，而且证人受到个人利益的驱使，并不总是可靠的，甚至常常是不可信的。（文/［俄］达莉亚·亚历山德拉）

智识情报站

一个词，有时就是最锋利的武器。比如，我们应该以何种特质定义所谓"心理犯"，又该由谁来定义。当以不正确的理念，由不正确的人来发号施令时，必然有严重的问题出现。生命面前，我们做出至关重要的判断之前，固然需要勇敢，但更要富于理性。也许没有人会嘲笑早期人类的集体幼稚，但那些被错误归类的人，又何处倾诉，来捍卫他们的尊严呢？

> **开个脑洞**
>
> 流言真能杀人于无形吗?冤有头债有主,为什么在流言这里行不通?我不杀伯仁,伯仁为何因我而死?"流言止于智者",智者该是什么人?

流言蜚语里洗不掉的血迹

1

从美国波士顿出来,沿95号州际公路往北开,不多久就可以看到通往小镇塞勒姆的标志了。塞勒姆是海湾边的一个老镇,它的历史几乎和英属北美殖民开发的历史一样长,它的名字几乎每个美国人都知道。

1688年,塞勒姆的教堂请来一个叫帕利斯的牧师。这个牧师是从加勒比海的巴巴多斯搬来的,带着妻子、6岁的女儿蓓蒂、一个侄女和非裔女奴蒂图巴。

1691年漫长的冬天,牧师的女儿突然得了一种怪病,她行走跌跌撞撞,浑身疼痛,还会突然痉挛,表情恐怖。随后,平时和她一起玩的一共7个十几岁少女相继出现了同样的症状。本地医生试了各种治疗方法均无效,只得说,这种病症可能是某种超自然力量造成的。

在那个时候,这种说法暗示着有人使用了巫术。而这些少女的举止也变得怪诞离奇，她们结成一伙，形影相随，互相重复一些莫名其妙的话，或者突然尖叫，又突然歪歪斜斜地摆出僵硬静止的姿态，实在令人匪夷所思。

这些少女的奇怪病症没法解释，猜疑和不安开始在人们脑子里发酵，酝酿着恐慌和流言蜚语。他们需要一个解释，而在300多年前，这个解释看来只能是巫术。那么，谁在用巫术使邪呢？人们首先怀疑的是帕利斯牧师从巴巴多斯带来的女奴蒂图巴。

那时候就有这样的传说，事实上，一直到现在还是这样传说的，说热带的巴巴多斯盛行种种巫术。巴巴多斯人的外貌、女奴的卑贱地位，都使得蒂图巴成为那个最容易遭受怀疑的对象。人们要这些"中了邪"的少女揭发，是谁对她们施了巫术，她们果然揭发的是女奴蒂图巴，还有一个女乞丐和一个孤僻的从来不上教堂的老女人。

这三个女人，恰恰都是少女们平时不喜欢的人。

村子里的头面人物向县政府投诉，县里安排了一次听证会，让这些少女和被指控的"巫婆"对质。1692年3月1日，听证会在村里的酒店举行。

随后，有些村民提供了一些他们认为也是巫婆作祟的现象：他们的牛奶和奶酪无缘无故的坏了；有一个女人来看过一家的牲口以后，牲口就生下了一个怪胎，等等。主持会议的官员一遍一遍地询问那三个被指控的女人：你是巫婆吗？你见过恶魔吗？如果你不是巫婆，为什么那些少女见到你就中了邪？

终于，这个案件出现了一个突破口，那就是头号嫌疑人蒂图巴。一开始，她还拼命地辩解，说自己和这些奇怪现象没有关系。后来，她明白自己一味"抵赖"也没有用，而巫婆是要被处死的。为了救自己，她答应"弃恶从善"，揭发恶魔。她承认自己是一个巫婆，恶魔从波士顿来，是一个高高的男人，来和她接头。恶魔有时候装扮成一条狗，有时候装扮成一头猪，恶魔要她在村子里作祟行邪。然后，她当场还揭发了另外四个巫婆。她说，她们能够像传说中的魔鬼和巫婆一样，在没有月亮的黑夜，或者冬天潮湿的浓雾里，骑着扫帚飞来飞去。

蒂图巴的坦白和揭发打消了所有人的怀疑，人们突然都明白了，在他们周围，有恶魔发展的代理人在危害他们的生活。随后不久，马萨诸塞的总督费普斯从英国回来，他听说塞勒姆的巫婆弄得人心惶惶，决定尽快采取法律行动。他下令组成正式的审判法庭，正式开始塞勒姆审巫案。

3

在这个法庭上，共有五个法官，都是当地德高望重的大人物。经过一番讨论，法官们决定，"中了邪"的人声称看到巫婆身上光圈的证词，是可以作为证据的。一些怀疑自己受到巫婆作祟伤害的人说自己身上的红肿，或者任何不能解释的印痕，都可以作为巫婆伤人的证据。

被揭发出来的巫婆立即给关押了起来。人们突然发现，周围平时看起来老实巴交的人，其实骨子里是心怀恶意的巫婆神汉，这些巫婆神汉早就在寻觅机会，要加害于人。这些不可思议的怪事原来都是因为这些暗藏的巫婆神汉在施法。这可太危险，太可怕了。一旦处于这样的惊恐心态中，人们好像被恐惧挟持了，对最为荒诞不经的事情也会深信不疑。

遭受指控而被关押起来的人发现，事情糟糕了，她们陷进了一个怎么也说不清的境地，弄不好就会被莫名其妙地吊死。为了避免这样的命运，她们一个个走上了和蒂图巴一样的路，承认自己是巫婆，揭发别的恶魔和别的巫婆，用实际行动来证明她们弃暗投明，弃恶从善，甚至夫妻互相揭发，女儿检举父母。

第一个受法庭审判的是村妇布列吉特·毕歇普。1692年6月2日，在法庭上，一个农夫做证说，他看到毕歇普偷了鸡蛋后变成一只猫溜走了。这些天方夜谭般的指控都作为证据被法庭接受了。陪审团判定毕歇普有罪。有一个法官桑顿斯泰尔反对这样的审判，愤而辞职。而毕歇普坚持宣称自己是无辜的。毕歇普被判处死刑，1692年6月10日，她被押往绞架山吊死。7月19日，又有五个被审判法庭定罪的巫婆被处死。

1692年的夏天，塞勒姆审判法庭的一系列审巫案一共把十九个被告送上了绞架山，还有四个人死于监狱中，总共有两百多人被逮捕和监禁。有一个叫吉尔斯·柯莱的人，是个80多岁的老人，他和他的老伴都受到指控，而他拒绝接受这样的审判，法庭以藐视法庭的罪名关了他五个月。他仍然拒绝走上法庭接受审判。根据中世纪传下来的英国法律，对待这样的藐视法庭者，要用巨石压在犯人身上，直到气绝身亡。柯莱在石头下压了两天才死去。三天后，他的妻子和其他七个犯人被吊死。

历史证明，这些人全部是清白无辜的。

到1692年的秋后，审巫风潮像它突然兴起时一样，突然消退了。人们好像不约而同地从梦魇中醒来。塞勒姆镇受过教育的精英首先站出来质疑审巫案。波士顿著名的牧师，曾经当过哈佛学院第一任校长的英克里斯·玛泰原来也赞成审巫，后来发现审巫案的株连越演越烈，连他的妻子也可能被别人揭发为巫婆了。他终于大彻大悟，发表了《良心案》，被后世称为"北美的第一部证据系统"。他指出，"错放十个巫婆也比冤枉一个无辜的人要好"。

这些质疑促使总督费普斯下令，审判法庭不能接受所谓看到巫婆光圈的证词，定罪必须要有清楚的令人信服的证据。在排斥了"坦白揭发"的证据以后，最后一批33个被告，有28个被法庭认定无罪，其他的人后来也得到了赦免。1693年5月，总督费普斯下令释放所有被指控的人。塞勒姆市审巫案结束了。

对于塞勒姆少女的奇怪症状，长期以来比较一致的认识是，这是一种集体歇斯底里，多发于比较紧密而孤僻的少女群体，和环境的压抑也有一定的关系。这种歇斯底里症状通常会在一段时间后消失。一直到20世纪70年代，人们才发现，真正的祸首很可能是一种寄生于黑麦的真菌——麦角菌。这种麦角菌会产生一种类似于毒品的毒素。吃了受麦角菌感染的麦子以后，抵抗力较弱的人会产生幻觉。塞勒姆少女的奇怪症状，其实是麦角菌中毒。

300多年过去了,当年审巫的"法庭"已不存在了,但在原址福列斯特街和霍巴特街的交叉路口,人们立下了纪念碑,纪念这一不幸事件的开端。那条从审判法庭通往绞架山的路,还在马萨诸塞州塞勒姆镇的地图上清清楚楚地标着。
(文/林 达)

> **智识情报站**
>
> "正义不仅应得到实现,而且要以人们看得见的方式加以实现。"这句广为人知的法律格言即法律人士常说的"看得见的正义"或"程序正义"——裁判过程的公平及法律程序的严谨。塞勒姆审巫案演变成一场大规模的灾难,其根源就在于当时司法程序的缺陷。当年牺牲在绞架山上的几十个无辜者,用他们的生命奠定了美国司法的一个重要原则:宁可放过十个,不可错杀一人。

> 开个脑洞
>
> 人工智能会成为人类之敌吗？"机器人三定律"是什么？机器人犯罪应该惩罚谁？机器人可以被执行死刑吗？机器人可以有自己的权利吗？

当人工智能变成人类杀手

1942年，美国著名科幻小说家阿西莫夫提出了"机器人三定律"：第一，机器人不得伤人，或者对身处险境的人袖手旁观；第二，机器人必须服从人的指令，除非这条指令违反第一条；第三，在不违反以上两条的情况下，机器人有权自保。

这些原则对后世的科幻文学产生了深远影响，也成为现代人工智能（AI）学科的奠基石。数十年来，"失控的机器人"是人类挥之不去的梦魇，一代又一代科学家试图将日益强大的AI永远置于阿西莫夫定律的禁锢中。

然而，2018年11月美国推出的纪录片《杀手机器人的真相》揭示了冰冷的现实：AI似乎正在远离阿西莫夫的构想，朝着《终结者》或《西部世界》中的方向发展。

《杀手机器人的真相》在机器人"科多莫罗德"的叙述中开场。科多莫罗德看上去是个漂亮姑娘，但"僵硬的动作"和"怪异的停顿"揭示了她的身份。有文

章称:"用机器人的口吻讲述机器人杀手的故事再合适不过了。"

科多莫罗德首先回顾了2015年发生在德国法兰克福大众汽车工厂里的一起悲剧。一名21岁的工人走进"关押"机器人的"安全笼"中进行调试,机器人突然"发飙",用机械臂抓起工人并将其按在金属板上碾压,致其死亡。事故发生后,大众公司含糊其辞,至今未得出调查结论。检察官曾考虑提起诉讼,却不知该指控谁。

据美国职业安全健康管理局统计,过去30多年间,机器人制造了数十起命案。比如2017年,57岁的技术人员万达·霍尔布鲁克在密歇根州一家汽车配件厂被机器人杀死,事件的细节令人毛骨悚然。这家工厂里的机器人和人类在不同区域工作,然而,有个机器人"越界"了,它来到霍尔布鲁克身边,举起沉重的配件砸向她的头颅。死者的丈夫表示,妻子经历了"巨大的惊恐、疼痛和折磨"。

如果说工业机器人"大开杀戒"离普通人有些遥远,那么,自动驾驶汽车制造的车祸足以给乐观的人敲响警钟。自动驾驶汽车被称为"第一代民用智能机器人",可正如《杀手机器人的真相》指出的,它们远非完美无缺。2016年,一名美国男子的特斯拉汽车在自动驾驶模式下转弯时,未察觉一辆拖车正在横穿路口,以118千米的时速径直撞了上去,特斯拉的车顶被削掉,车主瞬间殒命。

机器人能摧毁人类的血肉之躯,还会抢夺人类的饭碗。影片提到,机器人正在加速取代人,无论是在制造业、农业还是服务业。人工智能的粉丝描绘了一幅乌托邦画卷:机器人完成所有工作,人们只需坐享清福;你我的大脑将被上传到云端,实现"永生"。而现实是,自动化导致越来越多的蓝领劳动者失去生计,留下来的工人为了保住饭碗,不得不更卖命地工作。一边是效率更高、成本更低的机器人,一边是一有不满就罢工的工人,老板有什么理由对后者手下留情?

"机器人是好的,"科多莫罗德这样评价同类,"除了杀人和抢工作的时候。"

使用杀伤性武器的决定权一直掌握在人类手里,但AI的发展有朝一日或将改变这一局面。机器人可以更早发现敌人,并主动出击,消灭目标。据报道,美国、英国等国家都在尝试赋予无人机和导弹自主权。

这与阿西莫夫定律背道而驰，对人工智能武器的猛烈抨击汹涌而至。2015年，霍金及1 000多名人工智能科学家联名发出一封公开信，警告说"自动化武器将像AK47步枪一样普及"，并"在执行暗杀、征服异族、破坏别国稳定、减少外族人口等任务时扮演理想的工具"。有人呼吁全面禁用不需要人类监督的全自动致命性武器。因这项倡议遭到了不少国家的抵制，未能成为国际守则。

"我认为自动化武器不能遵守作战规则。它们分不清敌我，也无法做出正确反应。"英国谢菲尔德大学教授诺尔·夏奇说，"比如，你不能说本·拉登的性命等于50个老太太加20个孩子。人类必须亲自判断，不能让机器代劳。我不反对机器人，但让杀人武器自己跑出去滥杀无辜，这太可怕了。"

《纽约时报》假想过这样的一幕：飘雪的寒冷冬日，两国士兵正在例行边境巡逻，双方都配备了手持机枪的机器人，它们能识别出有威胁的人员和车辆。一名士兵不慎跌倒，触碰了步枪扳机。对面的机器人听到枪声，立刻判断这是攻击信号。一秒之内，双方机器人在算法的指挥下同时向人类开火。枪声停止后，几十名士兵的尸体散落在机器人周围。两个国家剑拔弩张。

英国一家网站报道，2007年，南非的一台防空武器在演习期间无缘无故地开火，杀死了9名士兵。经查，"肇事者"可以在无人干预的情况下发现和打击目标，甚至自行装弹。一位防务工程师表示，此事绝非偶然，他曾多次目睹武器"发狂"，只是当时没人丧命而已。

人工智能会摆脱人类的约束吗？这是我们对AI最大的担忧。

瑞典学者尼克·博斯特罗姆在著作中写道，人脑神经元的工作速率约为200赫兹，信号传递速度为每秒120米；AI的工作速率为2000万赫兹，信号传递速度为光速。而且，人脑中神经元的数目是有限的，而AI不受存储空间限制。一些高级AI可以自行修改源代码，进一步改进算法，提高"智商"，把人类远远抛在身后。因此，它们的智力必然高于人类。

AlphaGo Zero是这类AI中的佼佼者。它是谷歌"阿尔法狗"家族的成员。AlphaGo的其他版本都以大量棋局作为学习基础，而AlphaGo Zero跳过这一步，在玩游戏的过程中学习如何玩游戏。诞生第1天，除了基本的规则，它对围棋一无所知；第3天，它便打败了战胜过世界冠军、韩国围棋选手李世石的"大哥"AlphaGo Lee，战绩为100∶0；第40天，它超越了AlphaGo的其他所有版本，成为围棋界的"独孤求败"。

科学家没有为AlphaGo Zero预存任何围棋知识，让它如此强大的秘密是一种新的强化学习模式。它将AI的神经网络与强大的搜索算法结合，在一次次自我博弈中调整并更新神经网络，唯一的目标是赢者通吃。简而言之，AlphaGo Zero不再受人类既有知识的束缚，它是能自我学习和创造的"超级物种"。

AlphaGo Zero的自主进化能力令人震惊，而在"脸书"的人工智能实验室中发生的一件事则让所有知情者脊背发凉。2017年，训练机器人谈判的研究人员发现，这些机器人在用某种"非人类语言"交流。研究人员不得不调整指令，把AI之间的对话限制在人类能理解的范围内。

这种现象有点儿像双胞胎的"隐语症"——2011年，有人把一对双胞胎的视频上传到网上：两个蹒跚学步的孩童用无人理解的声音喋喋不休地"聊天"。不过，与双胞胎的"心灵感应"不同，机器人似乎正在创造语言，这些语言具有连贯的结构、特定的词汇和语法。

在纪录片《杀手机器人的真相》中，一些受访者认为机器人能促进社会繁荣，另一些人担心它只会加剧贫富差距。霍金曾表达过自己对人工智能的担忧："几乎可以肯定，在1000年到1万年之内，人类的生存将受到技术的严重威胁。"霍金的想法激起了不少人的共鸣。

计算机科学家迈克尔·伍尔德里奇认为，人工智能的算法在黑匣子里运行，

复杂程度超出常人认知。如果我们不理解算法如何运作，就无从预测AI何时失控。因此，自动驾驶汽车或机器人可能会在关键时刻"失心疯"，让人类命悬一线。

人工智能的支持者同样大有人在。克里斯托弗·沃尔特是德国的一名机器人工程师，他并不觉得自动化会跟人类抢饭碗。"我们的目的不是用机器人代替工人，而是要为工人提供支持。"他强调。

好消息是，经过多年研究，科学家仍然没有发现机器人在需要情感交流的工作中比得上人类，例如护理。尽管如此，在日趋老龄化的社会中使用机器人护工，确实能让各国政府节省大笔养老和医疗开支。这比对抗"终结者"更现实。

美国《时代》杂志认为，人工智能堪称当代最热门、最难理解、最具争议的技术之一。你无法看到它或触摸它，甚至可能意识不到自己正在使用它。

半个世纪以来，人类在人工智能的帮助下进步；如今，AI成为主角的时代正在到来。我们身处的世界信息量巨大，只有近乎无限的计算能力才能应付。人工智能可以切实帮人类克服很多棘手的课题，包括通信、医疗、交通等。人工智能技术终将适应人类，给社会带来深刻变化。

"超级人工智能的兴起将是人类有史以来最好或最坏的事情。"如霍金生前所言，"我们还不知道是哪一个。"（文/胡文利）

> 一旦AI全面超越人类，它们或许不会对它们的创造者感恩戴德，特别是当我们不知如何向它们灌输情感的时候。一个心冷如铁又无所不能的存在，凭什么对一群只是因为天气恶劣就不想起床的生物怀有特别的感情？
>
> "人类最古老、最强烈的恐惧源于未知。"这或许就是我们如此害怕人工智能的原因。也许未来会很美好，谁又能说得准呢。

Chapter 2

进击的智能

机器在想什么，我们的未来会怎样

> **开个脑洞**
>
> 人工智能拥有自我意识吗?它们如何画画、写作、创作音乐?人类创新的本质是什么?当机器人取代了我们的工作,我们做什么?

人工智能拥有真正的创造力吗

1

2018年10月,埃德蒙·贝拉米的一幅肖像画在纽约佳士得拍卖行以43.25万美元成交,超过估值上限40多倍。这一拍卖事件本身没什么特别,但不同寻常的是,贝拉米是一个根本不存在的人物——这幅肖像画是人工智能制作的一幅艺术品,并被送去了拍卖行拍卖。

除了绘画,AI似乎也将音乐提升到了一个出乎意料的新水平。在这个领域内,人类似乎只是音乐大厅一个小角落里的演奏者,而AI投下的光柱,让我们看到了整个音乐大厅的偌大空间。

19世纪40年代,被现代人称为"数字女王"的阿达·洛芙莱斯就开始设想,计算机能够做到的可能不只是进行简单计算。自那时起,人们就在思考一个问题:具有创新能力的,可能不仅仅是有机生命体。

洛芙莱斯认为,音乐是一种艺术形式,但它和解决数学问题时的处理模式相类似,故而她推测,机器可以谱写音乐作品或构建科学系统,从简单到复杂,任何程度或任何范围都有可能。

2018年,美国歌手塔琳·萨瑟恩在专辑《我是人工智能》中的音乐,据称完全是由机器创作和制作的。其实,早在2016年,负责艺术家权利的法国专业协会就首次承认了一种计算机算法——人工智能虚拟艺术家(AIVA)的作曲家身份。

尽管人工智能创造的许多音乐范例仍停留在山麓小丘上,包括对莫扎特或贝多芬作品的拙劣模仿,但也有一些例子表明,人工智能创造的机器代码也可以帮助我们跨越峡谷,抵达更有意思的高峰。

"延续者"是音乐人帕契特设计的爵士乐即兴创作人工智能算法程序。即兴创作是爵士乐的精髓,音乐家们会在不断的即兴演奏中迸发出新的创作灵感,形成新的爵士乐类型。有时候,一名演奏者即兴演奏,另一名演奏者做出应和。通过分析一个乐句是如何变异成另一个乐句的,"延续者"可以对组成爵士乐声乐世界的乐段,做出自己的反应。机器算法能够顺利通过音乐图灵测试,而人工智能"延续者"的即兴创作表现更是令音乐家们大为惊讶:它能够对人类即兴创作的音乐创造出自己的应和作品,将音乐提升到了一个出乎意料的新水平。

2017年,人工智能利用机器学习技术分析了哈利·波特作者J.K.罗琳的七部作品之后,写出了《哈利·波特》系列作品的续篇。这是否说明机器已经具有创造力了呢?事实上,如今人工智能所做的大部分工作仅仅只是对科学数据和统计数据进行处理,其间还需要大量的人工干预。例如,写出《哈利·波特》续集的AI"作家",依靠的是通过对罗琳现有作品的统计分析,确定接下来可能的用词,但是最后仍然需要人类来选择并拍板究竟用哪个词。

然而,这并不能抹杀人工智能所取得的令人惊叹的成就,以及在某些领域内的巨大潜力。2016年3月,在人类围棋顶级选手李世石和机器人阿尔法围棋之间进行的一场全球关注的围棋赛中,人工智能就表现出了令人惊讶的创新能力。

李世石输掉第一场比赛后，许多评论人士认为，这是因为，他试图打破阿尔法围棋对前几场比赛所获得的经验依赖，可没想到，第二局阿尔法围棋却走出了令人意想不到的一步。在走了36步后，李世石休息了一会儿，抽了一支烟。不过，人工智能不需要这样的休息和刺激。阿尔法围棋思考片刻后，让它的人类代表将一颗黑子落在了棋盘边上的第五条线上。

传统观点认为，围棋布子一般都落在外边的第三、第四条线上。阿尔法围棋的这一步令人震惊，这是一个错误决定吗？不是，它是阿尔法围棋具有创新性的一步。事后证明，这正是阿尔法围棋控制棋局赢得第二场比赛的关键一步。

这表明阿尔法围棋这个人工智能系统有着很强的创新能力，它不仅模仿其他人类选手的下法，还在不断创新。人工智能的创新走法让人类学会了一种新的策略，给围棋这一古老的棋艺注入了新的活力。自那以后，人类棋手纷纷效仿阿尔法围棋的策略，以建立竞争优势。

相对于其他创造性领域，这场棋赛让人更直接地感受到人工智能创造力的价值。一般来说，AI的价值通常通过其解决问题的能力来判断，但阿尔法围棋的创新能力表明，人工智能还能够以另一种方式帮助创造某种价值——机器不会像有创造性思维的人类那样思考，人类却需要摆脱像机器那样机械式的惯性思维模式。

我们有时会陷入一种可怕的思维方式。例如，作为一名围棋选手，如果你在边上第五条线上落子，你的指导老师可能会阻止你。而人工智能不受这种约束，它可以不带任何成见地进行创新探索。一个登上英国斯诺登峰的人可能会以为自己站上了世界之巅。他会这么想，只是因为他不知道珠穆朗玛峰的存在。

3

目前，评估人工智能是否具有创造性的三个关键因素是新奇、惊喜和价值。虽然这三个因素确实很重要，但如果我们想要在人工智能领域中迎来真正的创造性，还必须引入第四个因素：真正独立的原创性。

很多年前，阿达·洛芙莱斯就指出，计算机分析引擎的威力有可能会被过分夸大——你从机器那里得到的东西,基本不会比你投入进去的更多。这就产生了一个关键性的问题:人工智能的"创造性"在多大程度上是属于人类的,又有多少是属于机器代码的呢?照相机的发明,让摄影艺术展成果遍及世界各地,但没有人会因此将创造力与相机联系在一起。

在某种意义上,人类也是一种运行代码指令的机器,这个代码指令就是我们的DNA。DNA代码遗传自我们的父母,但我们不会认为我们的创造力就是父母的翻版。孩子与父母的差异部分来自他们与环境互动的独特经历,这种互动经历同样也在形成和塑造着我们的创新能力。这也是人工智能机器的学习方式,AI通过与外部环境新输入数据的互动,改变、突变和更新着指令代码。

2018年3月,画家伊恩·陈的一幅作品在伦敦蛇形画廊展出。他为6个人工智能机器编写了同样的代码,它们的名字都叫"鲍勃",但每个"鲍勃"的参数会根据与画廊来访者的互动而变化。经历了几个月不同的互动过程,这6位"鲍勃"不再像初始编码那样一模一样了,而是变得完全不同。

编码方式的转变,给了AI一个独立于其缔造者自行编码的机会。有人也许会说,伊恩·陈仍然是创造者,因为是他给了机器代码进化的机会。但机器代码通过与外界环境互动而做出的决定,让编程者或其他人越来越难以推断或解释。

这似乎抓住了创造性的某种特质,这种特质在强调新奇和价值的现代定义中可能已经消失。早期的创造性活动更多的是指我们试图理解这个世界的种种尝试。机器学习利用了这种早期的创造力,它的输出是机器与新兴数字世界互动的原始表达。但机器仍然缺少某种根本性的东西:意向性或意图性。许多工作中,仍然要有人按下打印按钮,要有人经常性地对算法做出选择。从这个意义上来说,人工智能并没有表现出和人类一样的创造性意图。

人工智能未来会发展成什么样?要回答这个问题,我们首先要问:是什么驱使我们产生了创造的渴望?而这个问题又与一个很难解释的棘手的意识问题有关:

我们自己与其他生物的感知和体验的真正本质是什么？

由于我们无法进入别人的大脑中去体验他们的痛苦或欢乐究竟是什么样的，于是我们创造了许多艺术作品，功能有点像核磁共振那样，揭示和展示着我们的内心世界，与他人分享我们的感受。无论是一篇小说、一首乐曲，或是一幅画作，都是帮助我们进入他人精神世界的最佳途径。

真正的创造性和意识是否起源于人类诞生之初，我们无法证明。也许是当我们拥有了意识之后，我们才开始对其他人的想法产生兴趣，同时产生了想要与其他人分享自己内心想法的愿望。大概就在这个时候，人类开始表现出自己的创造性能力。如果是这样的话，只有当机器拥有了意识，并产生了将自己的想法传达给我们的意愿时，它们才真正拥有了创造性。

这一刻也许会到来，但是，当这一刻真正到来的时候，机器意识很可能会是与我们人类完全不同的另类意识。而人工智能的艺术创造行为，或将成为我们进入"机器意识"这个陌生世界的最佳载体。（编译/方陵生）

> 创造力是生成有意义的新事物的能力，它需要有对问题的深刻洞察，提出与众不同的解决方案，同时需要对想象的极大拓展，让奇思妙想转化为可实现的行动，还需要对人性的复杂领悟，把人心不可表达的感触转化为可表达的感人艺术。创造力需要太多人类的特质：审美能力、冒险精神、对事情的热爱，等等。当人工智能在很多领域取代人类的时候，也许创造力会是一处难以取代的重要堡垒。我们应该呵护我们的创造力。

> **开个脑洞**
>
> 人类能够永生吗？数字的你是否还是你？活在云端的人可以被关停吗？真人和数字人能否和谐相处？未来什么样，究竟属于谁？

化身数字人类，在云端"永生"

永生，无疑是人类不灭的执念。埃及法老兴建金字塔以期复活，秦始皇派徐福去海外寻找不死仙药……用一位导演的话说："我不想通过我的作品获得不朽，我想长生不老。"梦想总是要有的，万一实现了呢？

2019年，年近80岁的作家安德鲁·卡普兰决定成为世界上首位"数字人类"，将自己的形象、声音、记忆等通过技术手段保存至云端，让虚拟的自己"永垂不朽"。如果一切按计划进行，在未来几十年甚至上百年间，一代又一代人可以通过移动设备等平台与"卡普兰"互动，听他讲故事，和他聊天，向他提问，听取人生指南……

"爸爸妈妈已经去世几十年了，但我发现自己仍然会想，'哎呀，我真的很想向父母寻求一些建议，或者只是为了得到安慰。'"卡普兰说，"我认为这种冲动永远不会消失。"

卡普兰的人生和许多人不同。第三次中东战争期间，他先后在美国陆军和以色列陆军服役，中央情报局曾多次试图招募他。后来，他成为一家技术通讯公司的总裁，政府机构和一些大公司是他的客户。他更著名的身份是编剧和间谍小说家，凭借间谍小说《蝎子》和《国土安全》而广为人知，后者还被翻拍成热播美剧，007系列电影《黄金眼》的剧本也出自他之手。

通过制作一个人工智能版的自己，卡普兰希望在肉身消亡后仍然能贡献出毕生经验，来帮助子孙。"我儿子30来岁，我希望'虚拟的我'对他和他的孩子有价值。比如，多年后的一天，他的后代或许会被某个问题困扰，然后自言自语：让我听听我爷爷的爷爷是怎么说的。"

卡普兰以"小白鼠"自居。"在我这个年纪成为先锋人士，有点儿出乎意料。但为什么不呢？"他委托名为"来世"的创业公司创造自己的虚拟化身。这个化身将永远存在，并允许未来的人们访问其记忆。

"来世"公司的网站上写道："我们的目标是捕捉人们的真实精神，使其不朽。"该公司由索尼娅·塔拉蒂和詹姆斯·弗拉霍斯共同创办，前者是个人遗产顾问，后者是因创建了"爸爸机器人"程序而闻名的人工智能设计师。

2

弗拉霍斯的父亲死于癌症几年后，家中的电话里还保留着父亲的语音，"因为妈妈不舍得让爸爸的声音消失"。为帮助母亲走出悲痛，弗拉霍斯设计了"爸爸机器人"，通过该程序，家人可以随时听到父亲谈论生活、唱歌和讲笑话。

消息流传开来，许多人找到弗拉霍斯，希望为逝去的亲人创建类似的程序。这让弗拉霍斯看到了商机，决定进入尚未开发的虚拟人市场，创建"来世"公司。

卡普兰欣然接受了这家初创公司的邀约，成为史上首位"数字人类"。"来世"公司的一句广告语深深打动了他："永远不要失去你爱的人。"

相较于简单的"爸爸机器人"，"来世"公司主推的产品是更复杂、更人性化的虚拟模型，能与人类进行深层次的交流互动，宛如真人在世。譬如，假若你的祖母在"来世"公司回答了大量关于她的童年、婚姻和重要事件的问题，公司便可将她的声音乃至思维逻辑通过数据算法转换、重塑，制成音频。

"来世"公司网站称，目前已有数万人报名，希望自己或亲人像卡普兰一样，以智能化身的形式"无限期地活下去"。

俄罗斯亿万富翁德米特里·伊茨科夫说话彬彬有礼，甚至有点儿害羞。然而，人们对他说得最多的一句话是："你疯了吗？"相比"来世"公司的探索，伊茨科夫2011年发起的"阿凡达2045"计划更加野心勃勃、天马行空。该计划宣称，将通过先进的科技延长人的生命，直至实现"不死之身"。

据《纽约时报》报道，"阿凡达2045"计划拟分4个阶段进行：第一阶段（到2020年），打造可通过人脑遥控的机器人；第二阶段（到2025年），将已去世的人的大脑移植到机器人身上；第三阶段（到2035年），研发出可以存储性格和记忆的"人造大脑"；第四阶段（到2045年），打造出真正的"虚拟人"，即具有人类的思维、意识和感情，但没有肉体的全息影像。

伊茨科夫主要受到了好莱坞科幻电影《时间机器》的启发。在这部电影中，主人公穿越到80万年后的地球，竟遇到了自己在21世纪见过的一个朋友。原来，这位朋友是"虚拟人"，看起来和真人一模一样，拥有人类的情感和记忆，实际上却是一个核能驱动的大型数据库，已经见证了几十万年的沧海桑田。

谷歌首席未来学家雷·库兹韦尔也坚信，2045年是机器智慧挑战人类智慧的"奇点"，每个人的大脑在生命结束前就可转换为数字存储。美国未来学网站称，过去30年里，库兹韦尔关于科技发展的预言有86%已经成真。

关于"2045"的预言会再度应验吗？无论如何，对一些渴望永生的人来说，等待一项最早也要在2045年才会成功的计划显得遥不可及。许多人选择了比较"传统"的策略：把自己冷冻起来，寄希望于进步的科技能将自己"拉回现世"。

迄今为止，还未有科学证据表明，种种起死回生的梦想可以成为现实。爱尔兰作家康奈尔在《成为机器》中将追求永生的人称为"超人类主义者"，他们的故事五花八门。美国一家杂志援引了一些案例：一位生物医药专家，把死亡看作一种可以被治愈的疾病；一位神经学家，致力于"上传"思维，希望创造"情感机器"；一位社会活动家，呼吁起草《超人类主义者权利法案》，以确保"人类、有知觉的人工智能体、电子人及其他高级智慧生命形态被赋予平等的、免于承受非自愿痛苦的权利"……康奈尔用审视的目光写道："'未来'这个概念从来就是财富之源；你越是把它说得抽象模糊，就越是有利可图。"

4

逝者长已矣？人类不答应。可是，追求"永生"可能带来的伦理困境，同样是不能承受之重。人们普遍担心，假如"永生"成为现实，拥有更多金钱、权力的人必将拥有更多改造自己的资本，阶层固化将加剧，社会矛盾将激化。

有人援引比尔·盖茨在一次演讲中的话说："在我们还没有摆脱疟疾和肺结核的时候，有钱人却在为活得更长甚至追求永生而投资，这太自私。"永生还将给法律、伦理和社会关系等带来巨大挑战。

加拿大伦理学家瑞秋·哈里伯顿在杂志上写道："奥德修斯曾被赋予永生，但他拒绝了。"正因生命有限，这位希腊英雄的欢乐、悲伤，成功、失败才有了意义。"如果我们可以长生不老，那永生的目的是什么呢？仅仅是增加我们拥有的主观愉悦吗？对一些人来说，这就是永生的全部含义"。（编译/蔡梦吟）

有学者写道，想象一个超人类主义宏愿全部成真的未来，似乎是令人兴奋的思维实验，但兴奋很快就会退潮："地太少、人太多，而且，如果人脑都是从一个世纪前上传来的，它们都会变得像废旧软件。"诚然，追求永生的一系列试验也是科技进步的一部分，这样的工作将造福人类。但问题是：未来会是什么样？未来属于谁？

> **开个脑洞**
>
> 为什么科学家研究大脑时，会把它当成计算机？人类大脑为什么如此复杂？如何才能复制一个完整的大脑？复制的大脑属于谁？我们能通过复制大脑获得永生吗？

把大脑放在网盘里，还差哪一步

1

多年前，未来学家库兹韦尔、物理学家史蒂芬·霍金以及神经科学家兰德尔·科纳等人曾提出过预言，既然人类的意识类似于电脑软件，那么在不久的将来，我们或可以将人类的意识上传到计算机中。

这种显著的"超人类主义"方法有望改变人类生理状况，将人的大脑意识转变为数字化数据，并且"上传"至无限强大的计算机系统。这可以让人们生活在一个无限虚拟体验的世界，并且获得数字化永生。然而，超人类主义者忽略了一个重要事实，意识的复制和上传存在着一些不可超越的障碍。

从最基础的部分开始，要实现大脑意识的保存，必须先有一张"图"，关于意识的载体——大脑的图。要在电脑中重构意识，我们得先理解这个由无数神经细胞连接而成的意识载体是如何运作的。可是，人脑是一个恢宏的神经网络，由将近1 000亿个神经元以及数量相近的神经胶质细胞彼此连接而成，真的可能将它复原到计算机里吗？

2015年，瑞士联邦理工学院的亨利·马克拉姆教授在洛桑宣布，人类首次成功用计算机真实模拟了一个含有207种亚型，共计约3.1万个神经元的大鼠神经网络。

他们把大鼠的大脑取出来，切成许多薄片，检测每一个薄片中的每一个神经元的形态学特征、分子生物学信息和电生理学特性，然后利用这些信息在计算机中逐一重构出这些神经元，再把这几万个虚拟神经元像拼图般按原样拼成神经网络——用堆砌无数人力物力的"体力活儿"去研究"脑力活儿"的中枢。这个模型也使他们得以预测超过2000种突触连接的解剖学和生理学细节，而此前只有大概20种突触连接类型进行过实验测量。

不过，听起来模拟3万多个神经元的确很了不起，但是对拥有近1000亿神经元的人脑来说，这仍然不过是沧海一粟。更何况，这项工作也只是建立在大鼠的体外大脑切片之上。与活体大脑相比，这样的模型还存在不小的差异。

2

为什么科学家们讨论大脑时，会把它当成计算机？人工智能专家乔治·扎克达基斯，在他2015年的著作中，描述了人类在过去2000年里使用过的用以解读人类智能的6种不同的比喻。最早的一个是《圣经》中所记载的故事：人类由泥土造出，再被智慧之神赋予精神。这个"精神"解释了我们的智能——至少从字面上说是这样。

公元前3世纪水利工程的发明，引领了人类智能液压模型的流行。这个观点认为，人体内不同液体的流动——"体液"——可以为我们的身心功能做出解释。"液压模型"这一比喻持续了1000多年，在此期间始终阻碍着医学的发展。

到了16世纪，由弹簧和齿轮驱动的自动装置被设计了出来，这鼓舞了勒内·笛卡儿等著名思想家。他们相信，人类是复杂的机器。到了17世纪，英国哲学家托马斯·霍布斯认为，思维来自大脑内部小型的机械运动。到了18世纪，电

学和化学领域的新发现带来了人类智能的新理论——本质上主要还是一个比喻。19世纪中期,德国物理学家赫尔曼·冯·亥姆霍兹受到通信领域研究进展的启发,把人脑比作电报。

在计算机技术出现没几年的20世纪40年代,大脑就被说成像电脑一样运转,大脑本身扮演了硬件的角色,而思想是它的软件。1958年,在数学家约翰·冯·诺依曼的短篇著作《计算机与大脑》中,这一思想得到了最终体现。冯·诺依曼直截了当地指出人类神经系统的功能"表面看来是数字的"。尽管他也承认,大脑在人体推理和记忆中到底扮演了何等角色,我们几乎一无所知。他做了个比较,把那个时代计算机的部件和人脑的部件一一对应起来。

在计算机技术和大脑研究持续发展的推动下,各个不同领域的专家都在为理解人类智能做出雄心勃勃的努力。而这一切都扎根在"人类就像是电脑般的信息处理器"这种观点上。目前有成千上万的研究者,消耗了数亿资金在从事这项工作,他们写出了大量的文献,包括技术文章和通俗书籍。以著名学者雷·库兹韦尔的著作为例,他在书中推测了大脑的"算法",大脑"处理数据"的方式,以及从表面来看大脑结构如何起到集成电路的作用。

越来越多的可穿戴设备和人造器官已经开始成为我们身体的一部分,智能设备"义体化"看上去已是大势所趋。我们也越来越习惯地借助虚拟设备为我们的行为做出决定:听歌、接受新闻推送、选择饭店和确定交通路线。最新的科技已经触及意识的载体——大脑。人工海马体和意识芯片已经开始能够帮助脑萎缩的人承载一部分意识。

3

和利用电脑再造一个人类大脑不同,美国初创公司Nectome在探索另一条新的途径,他们提倡对人实施安乐死,并通过"上传大脑"将思想实现永久的数字化保存。2018年3月,顶级科技评论期刊《麻省理工科技评论》曾对这家公司做了详细报道。

Nectome公司通过防腐和低温结合的方法保存大脑。这种冷冻法的第一步是把一种药剂（常被用作极强的消毒剂）快速注入大脑组织，凝固突触，防止腐烂，这一步也是区别于其他保存方法的关键一步。第二步则注入高浓度的防冻液，以防止大脑结成冰晶。该公司表示，冷冻后大脑可以在-135℃的条件下成功保存几个世纪。《麻省理工科技评论》报道中曾提到，这种技术对保存全脑相当有效，保存精细到纳米级别，包括连接组，即由众多神经元突触所构成的网络。有些人猜测，这样一个"神经连接体"可以留住一个人的记忆信息。

不过，这种保存法面临的第一道难题是这项工作是"100%致命"的。也就是说，Nectome公司启动大脑保存工序前，需要首先获得一个新鲜大脑，因此他们提倡对患者实施安乐死，并在患者仍然存活的情况下将防腐混合液从颈动脉泵入患者体内。因此，研究者提出，大脑保存应该在那些一息尚存的临终病人中去启动，这样可以确保大脑足够新鲜。

文章发表后，质疑之声随之而来。一些该领域的研究者认为，神经科学目前还没有发展到足够先进的程度，不能确定是否可以保存所有和记忆以及思维相关的生物分子。也就是说，对于大脑中哪些生物分子与保存记忆、思维相关，目前还是未知。基于这一点，不能说上述大脑保存技术是有效的。

目前我们还不能直接测量或创造意识。或许有一天，在研究足够的生物分子图谱的基础上，电脑真的可以高精准度地模拟神经回路。当然，这需要神经科学出现重大突破。（文/任志方）

"死亡不是真的逝去，遗忘才是永恒的消亡"。未来，或许我们真的可以通过成为数字人而在网络上永生。这无疑将重新定义生命，尤其是精神意义上的生命。我们总是怀念消失的美丽，令人痛苦的是，当美丽之花绽开时我们却视而不见。如果有一天生命对我们来说不再珍贵，什么才值得我们怀念？

情感是人类独有的吗？情感的本质是什么？人会不会将情感转移到机器上？人工智能会不会爱上人类？

人类会爱上人工智能吗

1

在今天的科幻小说或影视剧里，人类和人工智能发展出爱情或亲情关系已经不是什么新鲜桥段了，譬如《人工智能》《机械姬》《真实的人类》《西部世界》……故事中的机器人或优雅美丽，或风度翩翩，实在比一般人可爱得多。

即便现实中，也有越来越多的人迷上虚拟人物，比如游戏里的主角，甚至Siri（苹果手机助理程序）之类的助理程序。如此一来，越来越多的人开始忧虑：这么下去，人会不会将人与人之间的情感转移到机器上呢？如果人不再爱他人，只爱机器，又会如何呢？

这种忧虑有其道理，不过也有不少人认为，爱是一种伟大而神圣的情感，不容被机器玷污——这不免有点儿狭隘。

人类之爱并不是天赐的，从进化心理学的角度来看，它是为了保障种族的延续和进化才产生和发展的。

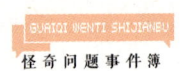

动物进化到比较高级的阶段，很难在胚胎阶段就发育完全，无法一出生就独立生活，因而需要一定的照料。所以，在哺乳动物和鸟类中，母亲对子女一般都有强烈的爱。譬如袋鼠从小住在母亲的育儿袋里，小熊长期跟着母亲学习求生和捕猎技能。有时候还需要父亲，如很多雏鸟都是父母一起孵化和喂食的。

对于群居动物而言，因为必须作为共同体生存，所以爱的表现更加普遍和丰富，影响也更为深入。狼（狗）可以为首领奋不顾身地冲杀，猿猴会对伤心的同伴表示慰问，大象甚至会为死去的成员举行某种"葬礼"……没有这样一种相互的关爱，群体生活很难维持下去。

人也是群居动物，人类社会的庞大和复杂程度是任何其他动物群体都无法比拟的，因此所需要的爱也就更多，类型更加丰富。所以，人真正的爱是指向同伴的，是对他人安全和幸福的关切，而不是对于物件的贪恋。

当然也有例外。比如许多人很爱小动物。这种爱基本上还是来源于亲子之情——我们觉得很可爱的猫、狗以及大熊猫（当然这个没法自己养）等"萌物"，都是因为与幼儿的情态相似而受到人们的喜爱，而豢养它们又比养孩子容易得多。在这种情况下，人会把宠物当成孩子或同伴，仍然是当成某种"人"去爱。

2

而说到机器，人类很难真心去爱它们。

外观就是一个重大的障碍。美国心理学家哈利·哈罗在1930年做了一个关于恒河猴的实验。哈罗和助手设计了两只假的母猴：一只是用铁丝编成的，装有一个橡皮奶嘴，一只是仿真的布偶猴。他们发现小猴非常喜欢后者而疏远前者，即便前者有乳汁可以吃，小猴也会在吃完奶后回到后者的怀抱。所以，笨重冰冷的金属机器人，诸如电影《星球大战》中的C-3PO和R2-D2，虽然因为故事情节的编排而显得很可爱，但这种造型的机器人恐怕得不到人类多少情感的寄托。

不过，也有高度仿真的机器人。这种用生化材料制成、外貌拟人的机器人今天还处于初级阶段，不过将来很可能出现拥有和人难以分辨的容貌、仪态，甚至可以与人对答如流的机器人。如果这样的"人"问世,我们的理智虽然可以分辨,但感性上产生情感的羁绊是完全可能的。说不定我们会在一定程度上"爱"上这样的造物,就像我们爱宠物一样。

不过,这种爱仍然有一些限制。比如我们对于人的爱具有独一无二性和不可替代性——如果你爱你的父母、伴侣和子女,即便你知道有其他更好的对象,也不会选择去换掉他们。但假如有一个更高级、升级版的机器人问世,你会想要换掉原来的那个吗?恐怕大部分人会毫不犹豫地选择替换吧。

你也许会说,你深爱这个机器人的外貌和性格设定,不想要更好的,但即使这样,也有无数一模一样的可以备用。当它损坏甚至报废的时候,我们也不会像亲友受伤、死亡时那样感到锥心的痛苦——花钱重新配一个就好了。

另外,机器人是出于商业目的制造出来的,它们的存在就是为了服务和取悦人类。人类爱上对自己好的他人,是因为人理解他人是和自己不同的个体,有独立的人格。正因如此,这种"好"才弥足珍贵,我们才会想回报他人。

对爱的进化心理学起源研究也表明,爱的终极实现不在于个人的心理体验,而在于行动:牺牲自我的部分甚至全部利益,去帮助和拯救他人。但对于机器人忠心地服务于自己,我们会视为理所当然——因为感受不到它们的人格和独立性,也就很难有真正的爱。

对于机器人,只要花钱就可以买到,也不需要我们牺牲自己去帮助和拯救它们。在这种爱中,一个人注定不可能充分实现自己。如此说来,也许会出现最糟糕的情况:我们不会真正爱上机器人,但被机器"宠坏"了之后,我们很难再去爱对我们没有那么好的同类了。

当然,假如像科幻小说或影视剧中那样,出现真正有自我意识和独立思想的机器人,从某种意义上来说,它们便拥有了人类的灵魂,我们当然也就可以去真正爱它们——不过,那时候它们爱不爱我们,又是一个新的问题。

爱是人类数百万年来进化出的高级情感,有了它人类才能发展到今天,但今天它正面临着前所未有的挑战。面对新科技提出的问题,我们没有确定的答案,唯

有对于人类的爱能给我们找到答案的勇气。（文/宝　树）

如今我们看到，新一代的人工智能机器人已开始成为孩子们的玩伴，它们还可以帮助照料老人，甚至唱歌、接球、创作诗歌。人们还帮它们打造出了栩栩如生的皮肤、眼睛、头发。一位哲学家说，只要它是智能的，我们甚至能够与一台冰箱建立起情感联结。当我们通过交流已无法判断对方是不是人工智能时，那么，什么才是人类所独有的？感情或者爱能否成为人类之所以是人类的表征，这无疑值得我们思考。

> 开个脑洞
>
> 孩子玩游戏可以，大人为什么就是玩物丧志？获得快乐是人类努力的终极目标吗？当每个人都能饱食终日时，游戏会是人类活下去的理由吗？

未来世界，上班还是玩游戏

1

游戏对于人类，究竟意义何在？游戏的本质就是获得快乐——这不就是人类努力的目标吗？某天，当智能社会发展到每一个人都可以饱食终日、无所事事时，游戏会不会就是人类存活下去的唯一理由？

人们常常会用这样一个问题来进行思想验证：如果明天就是末日，今天你是上班还是玩游戏？于是，价值消解，万事"虚无"。然而，我们又看见许多游戏玩家并不厌倦世事，而是积极、阳光。他们通过游戏除了得到快乐，似乎还从中获得了成就感，和在现实世界中奋斗后看到较好的变化一样，对他们而言，游戏世界里那些归根到底是由"0"和"1"组成的、看得见摸不着的东西，每一样都有存在的价值，那是一个同样重要的时空。

中国南方的不少山上，漫山遍野都是茶树，有些茶树不为生产茶叶，而为收获茶籽。茶果将要成熟时，有乒乓球大小，孩子们可以在树林草丛间做游戏，以茶果为武器，各自躲藏，互相投掷。从实用角度看，这一游戏没有什么积极意义。第一，它浪费茶果，尽管因为经济价值很低，人们并不会多么在意；第二，若头部被击中，一般会鼓起一个包，徒增痛楚；第三，若是击中他人头部，遇上泪浅的，就会哇哇大哭，回去告知家长，家长可不管游戏这回事，只当是孩子受了欺凌，一般会上门来大闹。

但为什么要做这个游戏？不知道。游戏没有目的，它本身就是目的。躲猫猫、过家家、玩泥巴、警察抓小偷……除了游戏本身，都没有别的目的。如果反过来问："不做游戏，孩子们要干什么呢？是面无表情地站着、坐着还是躺着？"这就让思考可以继续了。

孩子们做游戏，实现条件首先是他们有时间，工作很忙的人就没有时间做游戏。人是要工作的，这是一个基本假设。在人类历史上绝大部分时间里，对绝大部分人而言，这个假设都和现实相吻合。个体要生活，种族要生存，都必须工作。

孩子的游戏没有目的，但有功能。最基本的功能是人的社会化：通过模拟生活的游戏，学会如何与他人相处，进行情感交流，完善人格，了解当时社会对人的期待，以及个人如何去扮演好角色来满足这些期待。这样，当孩子长大成人从事工作时，就会更加顺天应人。由此看来，游戏的功能恰好指向游戏的对立面——工作。

因为游戏服务于未来，所以孩子们游戏不但完全合法，甚至有点神圣。教育心理学家克莱帕里德说："要求一个孩子在游戏之外进行某种工作，无异于一个蠢人在春天摇晃苹果树，想要得到几个苹果——他不仅得不到苹果，还会使苹果花纷纷落地，本来可以在秋天得到的果子也就无望了。"这几乎是说，保护孩子们游戏的权利，就是在保护人类的未来。

而如果成人参与游戏，则是另一番景象。传统社会里成人也有许多游戏项目，比如投壶、对弈、唱和、蹴鞠、曲水流觞，但如果不适度，就会被视为耽于逸乐，在舆论上会被指责。于是就有古语"业精于勤，荒于嬉""玩物丧志"等。这种游戏道德观，归根到底是物种存续的需要——如果沉迷于游戏、不思劳作的个体太多，势必危及整体生存。

2

传统的警戒线告诉成年人，游戏要适度，但并非不能游戏。事实上，游戏还具有必要性。古典游戏理论里就有"松弛论"和"过剩能量理论"，用来解释游戏的客观必要性。"松弛论"说，人们通过游戏，恢复他们在工作中消耗掉的精力；"过剩能量理论"则说，工作中没能消耗掉的精力，在游戏中消耗掉。一种说，人要充电，而且要充满；另一种说，人要放电，并且要放空。这让人无所适从。比如同一个人下班回家，今天说，累死了，我得玩会儿游戏；明天说，好轻松，我要玩会儿游戏。

讨论游戏的必要性，还是要从生物学角度看才有意义。游戏最必要的功能，就是保持人的竞争意识。我们知道清朝有"木兰围猎"，而中亚国家有"马背叼羊"，这些都是游戏，是在和平时代对战争的模拟。国家、民族通过这种体现英勇的游戏，让集体的竞争意识不被尘封。

所有的游戏，人们都在其中竞争，比试高下。哪怕是输赢不明显的玩泥巴、过家家，孩子们也想要"玩得好"——比别人好，或者比之前的自己好。

没有人会从失败中获得快乐，游戏的吸引力一定是来自胜利的快乐。这便是"游戏的正义"——让人通过感受胜利的愉悦，来激发竞争意识。游戏，事实上是人类对自然选择的应对措施之一。强烈而易得的快乐会让人产生依赖，所以电子游戏逐步家庭化后，出现了一代又一代的游戏瘾"患者"。而这种上瘾和药物上瘾的区别，也正在于其中是否包含竞争意识。

游戏上瘾，就是不再适度，对成年人而言，便是玩物丧志。这对一个族群、种族的延续而言，是不道德的行为。不要忘记那个前提：生存是艰难的，因而人是要工作的。

如果这个前提不再存在呢？

3

电子游戏产生于工业化时代，在繁盛的今天，局部世界已经进入后工业化时代。人类从自然界获取给养的能力不断增强，第一次在物质上实现了从匮乏向过剩的跨越。即使一部分个体丧失对现实生产的兴趣与能力，也已经不再威胁整体的生存。

游戏道德观势必被改造，这个改造过程，是由商业来完成的。历史上游戏只是现实的附庸，而不是一个独立的存在物，今天游戏变得如此显要，正是得益于商业机制的推动。

生存不再艰难，加上商业在意识形态上的"除罪化"，使得人们逐步接受了一个观念：游戏只是千门万类的商品中的一种而已，本身并不带有道德颜色。新的道德观产生了，人们可以放心游戏了。

在当代社会，游戏已成为相当一部分人心理生存的一种客观需要。我们身体里为了应对生存危机而积累下来的竞争意识并没有被清除，它仍然是快乐和成就感的来源。所以，我们需要游戏。只有在游戏的时候，人们才是完全自愿的，是彻底快乐的。席勒说："只有当人充分是人的时候他才游戏，只有当人游戏的时候他才完全是人。"

现实中，竞争欲可能会造成彼此的伤害，而将其倾泻于游戏中，马上可以体验一种无害的征服，可以在和平的条件下获得好的体验，乃至自我实现。

商业完成了对游戏道德观的改造，这时候对游戏的批评如果还一味举起泛道德主义的旗帜，往往应者寥寥。不能说道德批评都是错误的，只能说它不合时宜了。一般而言，批评者都不是游戏玩家，也不了解游戏对现实的渗透已经到了何种程度。可以说，在许多人的世界里，现实与虚拟已经难解难分，甚至虚拟的重要性已经超过了现实。

游戏的虚拟对生活的真实发起的攻击，采取一种吸入的方式。这从游戏载体的发展趋势上可见一斑：最初是电视、街机、掌上游戏机，现在已经变成挥舞、感应、穿戴，人体与载体逐渐融为一体。

传统条件下有现实场景的游戏，只是一种"竞争性玩耍"，它无碍于现实价值的存在与运行。而电子游戏还有一种娱乐一切的态度，娱乐的指向是"世界上没有任何严肃的事情"，因此它会消解现实价值观，产生虚无主义。

另外，电子游戏正在变得越来越复杂，复杂到一款游戏就足以建构起一个由主流文化和各种亚文化组成的成体系的虚拟社会，几乎成为一个个平行于现实世界的"新时空"。数以亿计的人被卷入其中，"新时空"内部必然会产生和运行新的价值。那些在不参与游戏的人看来并不存在的人物、地域、能力、故事、精神和情怀，对游戏者而言却是真实不虚的。这意味着，人们通过意念，无中生有地创造了很多介乎存在与不存在之间的价值。这便是游戏的"虚有主义"。（文/李少威）

> 网络游戏为什么令人欲罢不能？除了"付出总有回报"这一规则，还有更重要的一点就是"即时的回报"。这两个规则看似简单，在现实中却非常少见。尤其"即时的回报"会给做事的人一个正面反馈，能使他更投入地继续下去。这就是游戏上瘾的动力学。不过，更高的游戏境界却是体育和科学的境界。进入这个境界的人们不再对获得装备之类的事情感兴趣，他们追求的是更高的技艺水平，是艺术。他们仿佛在游戏之中，却又在游戏之外。

> **开个脑洞**
>
> 克隆的爱因斯坦能不能再次构建相对论？最安全的交通方式为什么被认为最危险？为什么"高手总是在民间"？为什么听了很多道理，还是过不好人生？

死人不会说话，活人总有话说

如果乔布斯复生，但大家都不认识他，他能否复制"苹果王国"的奇迹？相信大部分人都想得到他的"超能力"，但如果作为一个问题提出来，我们会想一想，然后说："嗯，那可不一定。"

无数人在商海中搏杀，乔布斯无疑是顶尖的。我们都或多或少地接触过一些成功学的书籍，知道乔布斯这类人拥有高瞻远瞩的世界观，拥有独特迷人的性格，还拥有许多卓尔不群的能力。商业的旋涡里凶险异常，输在里面的不计其数，如何解释幸存者是他们而不是别人呢？我们都想将幸存者的成功复制在自己身上，于是就从他们待人接物、为人处世的每一个小细节开始研究，恨不得连上厕所看不看报纸也作为重要的观察素材。

由于人与人之间终究不可能完全相同，于是我们就得出结论：看，怪不得我成不了他，原来他每天回家都要刷一遍鞋子，如此注重细节，真是窥一斑而知全豹,可想而知,他在事业上肯定能做到尽善尽美。这就是所谓的"幸存者偏差",我们都倾向于在幸存者身上寻找一些特质来说服自己——每一位幸存者都绝非偶然,不然就无法解释"幸存者为何不能是我"这个问题。

之所以会存在这个偏差,是由于我们经常会想当然地选择样本。如果10万人里可以产生一位商业领袖,那么随着群体的不断扩大,商业领袖的数量肯定会随之而增多,至于是什么让他们成为领袖,我们应该将焦点放在所有人身上,而不是关注这些幸存的个体。

那样,你很容易就会发现,这个社会有成千上万拥有他们身上所有美好特质的人,但这些人大都穷困潦倒,也看不出一点点能成功的影子。人们的关注点永远在那些偶然的成功者身上,却忽略了上万倍的没被选中的失败者。

"幸存者偏差"现象普遍存在于我们的生活中。当我们或我们的亲人得病时,是不是经常会有人适时出现,一本正经地推荐给我们一些非正规医院的老中医或偏方?不只推荐,他们还斩钉截铁地告诉我们,"这个绝对有用,我家的谁谁谁就是这么被治好的"。

基本上,那个大师或那剂偏方,很多时候都不灵。为什么这种"祖传偏方"基本都不靠谱呢?很简单,如果它真的具有普适性和不可替代性,经过几十年、上百年,它就不会只是偏方了。

为什么在这一点上"幸存者偏差"表现得比较明显呢?也很简单,因为对于偏方,我们的期待值总是较低的。事实上,我们对医院的信赖度还是较高的,我们默认医院的治疗是100分,如果它的治疗效果是90分,你就会很不满意,认为这家医院不行。但对于偏方就不一样了,我们抱着试试看的想法,心理预期一般都只有20分,如果它达到了50分,你对它的疗效就会非常满意,而且很容易认为它对所有人都有效。

"死人不会说话"——只有治好的人才认为自己找到了救星,并且印象深刻,乃至于费力地主动宣传。更多没被治好的人会转向下一位"神医",并将当下这位快速遗忘。这些没被治好的人是一群数量庞大的"沉默者",因此,除非某位"神医"或"某个方子"一个人都治不好,否则,他(它)总会受到追捧。

在很多事情上,由于我们将规避危险的条件人为地放大,就容易暂时性地丢失理性,掉入"幸存者偏差"的陷阱之中。每次有空难发生,铺天盖地的媒体报道往往持续好长时间,不少人说坐飞机实在太危险了,飞着飞着就没了。

事实上,飞机是最安全的交通工具。即便你是一位每天都要坐一趟飞机的"空中飞人",也需要上万年才会遇到一次重大事故。现在很多人已经逐渐明白了飞机的安全性,但他们还是认为,虽然飞机的事故率极低,但一旦出事就无法幸免,这同样是掉入了陷阱之中,事实上,飞机失事后乘客的生还率在90%以上,这可能会颠覆你的三观。

类似的还有地沟油、黑心作坊等食品安全问题。许多人都在感叹,现在真是什么都不能吃了。实际上你得明白,这些并不足以成为普遍现象。因为稀松平常的事情,媒体是没有兴趣报道的,因此,见诸报端或荧屏的事情一定是个案。车祸这样的事故太正常了,如果不是有其他料,媒体不会报道;食品吃了没事太正常了,媒体不会报道;大桥能正常使用太正常了,媒体也不会报道。

最近10多年,选秀一直是歌手孵化的重要阵地,很多有梦想的年轻人四处参加选秀,希望自己有朝一日也可以像那些前辈一样功成名就。这种精神绝对是值得鼓励的,但你得清楚一件事情——哪怕选秀孵化了再多的歌手,"死"在前面的比你有才又努力的"前辈"依然多得超乎想象。

有一位歌手曾红遍大江南北。当年他寄给唱片公司几十首作品,日后他最红的一首歌便是其中之一。唱片公司在审核的时候,本来已经将这首歌"丢进垃圾桶",但由于最后没有找到心仪的歌曲,在回去翻找的时候翻出了这颗"遗珠"。

这是一个励志的故事,你可以说"机会总是垂青有准备的人""有志者事竟成"之类冠冕堂皇的话,但事实是,有成百上千的"当红歌手"早已远离"歌手"这个职业,他们可能正开着一家小店,也可能正在工地搬砖。当你被现实撞得头破

血流时,你终究会明白,大多数情况下,就算你再努力,你的作品也不会刚好被找"遗珠"的唱片公司所青睐。

2000多年前,罗马思想家西塞罗讲过一个故事:有人给一位无神论者看一幅画,画上是一群正在祈祷的人。他告诉无神论者,这些人在随后的沉船事故中都活了下来。无神论者淡淡地问:我想看看那些祈祷完被淹死的人的画像在哪儿。可惜,"死人不会说话"。(文/蔡垒磊)

> 因为"死人不会说话",所以存在"幸存者偏差"。不要总是听取一面之词,不要对"专业"视而不见。事实上,专业性是做好很多事情的前提。一个人可以很博学,但他最为人所津津乐道的,一定是他专长的。认清这一点,能帮助我们做出更好的决策,并使我们不容易被骗。

月球上究竟有什么？月球上为什么闻起来有股火药味？登上月球的人为什么变得很疯狂？"登月魔咒"真的存在吗？

登月十二人中，没被"诅咒"的那个

2009年，人类登月40周年之际，美国国家航空航天博物馆举办了一场画展。主题全部围绕月球，绘画者是人类历史上第四位"月球漫步者"——"阿波罗12号"指令长艾伦·比恩。

登月是一种奇特的体验，当比恩乘坐宇宙飞船环绕月球轨道飞行时，他感觉，"就像在环绕一个球，因为月球比地球小多了，你甚至能看到它的曲线。我们绕着月球运转而没有飘向太空，真是一个奇迹"。在登月事件12年后，比恩离开了美国国家航空航天局（NASA），成了一名全职画家。当他向NASA高层提出辞职时，对方惊诧得差点儿从椅子上栽下来："你能养活自己吗？"

这位高层多虑了。虽然比恩的绘画主题永远是月球，但是，作为唯一与月球有过亲密接触的艺术家，比恩的作品售价不菲。比恩喜欢将自己从月球带回的"月球尘土"混合在油彩中作画，还会用登月时使用过的小锤加工画作。

比恩的作品,大多描绘宇航员登月时一些不为人知的瞬间。比如,他曾画出在月球上的"风暴洋",还有自己踮起脚跑向一个月球坑的场景。为何踮起脚?比恩说,因为在月球上很难借助膝部和臀部关节活动,只能靠踝关节使劲,所以自己当时只能"蹑手蹑脚"地行动。

在另一幅作品中,他画的是自己在月球上经过一块岩石时不小心摔了一跤,同行的宇航员查尔斯·康拉德只用一根手指便轻松地把他拉了起来。另外,比恩还画过"阿波罗15号"宇航员大卫·斯科特在月球上的自由落体实验。斯科特左手拿一根羽毛,右手拿一把锤子,二者在同一高度同时下落,同时坠落至月球表面。普通人从未见过的天外世界,成就了比恩的艺术梦想,但不是所有登月宇航员都如他一般幸运。

美国总统约翰·肯尼迪在1961年宣布,美国人要首先登上月球。在这个大胆的设想下,从1969年7月到1972年12月,先后有12名美国宇航员乘坐"阿波罗号"宇宙飞船,使用比现代手机还"原始"的导航科技,穿越漫漫数十万英里,降落到月球表面。然而,登月带给这12名宇航员的并非只有荣誉和掌声,还有生命不能承受之重。

英国作家安德鲁·史密斯在采访9名登月宇航员后,出版了一本书:《月球尘土:寻找那些掉向地球的人》。书中提到,他们中很多人在回到地球后,遭遇了一连串混乱的"尘世生活":有的妻离子散,有的精神沮丧,有的心理崩溃,有的沉迷酒精,有的开始隐居,有的投向神秘主义。

"阿波罗11号"成员、登月第二人巴兹·奥尔德林说,月球表面覆盖着一层深灰色的像滑石粉一样的灰尘,散落着碎石和巨砾。他用"壮丽的荒凉"来形容那种感觉,他说自己在月球上行走时,有一种"灵魂出窍"的奇异感觉,而登上月球让他体会到"没有生命的永恒"。

"阿波罗15号"指挥官、第七位月球表面漫步者——大卫·斯科特在回忆录中写道:"我记得……冲着漆黑的夜空里地球的方向把手举起来……慢慢抬起手臂,一直到手套里僵硬的拇指竖起来,然后发现只用拇指就可以让我们的星球从画面中完全消失。只不过一个小小的手势,地球就没了。"

除了虚无感与渺小感,很多宇航员还声称曾在太空听到过奇怪的呼啸声,这种"外层空间式音乐"让他们浮想联翩。

奥尔德林还表示曾在登月途中发现神秘的不明飞行物。在接受媒体采访时,奥尔德林强调,他和另外两名"阿波罗11号"成员——第一个踏上月球的宇航员尼尔·阿姆斯特朗,以及只在飞行器里负责"后勤"工作而并没有真正踏上月球的迈克尔·科林斯,都决定不将不明飞行物报告给地面控制中心。"谁知道是否会有人因此要求我们立刻返航,因为我们遇到了外星人或其他什么东西。"3名宇航员之后决定不再讨论这个神秘物体,而是闭上眼睛睡觉,等他们醒来时,发现不明飞行物已消失不见。

大概是这些无从排解的迷茫与疑惑,让奥尔德林回到地球后,一度变得精神沮丧且疯狂酗酒。妻子不久就和他离了婚。好在晚年时奥尔德林重回生活正轨,他开始写小说,设计宇宙飞船,参与电影拍摄,当然,更重要的工作还是呼吁人类重返太空。

"阿波罗16号"宇航员查尔斯·杜克回到地球后,同样出现酗酒以及精神问题,这个在登月时带上与妻儿合影照片的人,登月后变成一个脾气暴躁的人,甚至虐待自己的孩子。之后,杜克皈依了宗教,登月事件最终成了他生命中的浮尘。同样投身宗教的,还有"阿波罗15号"的另一位宇航员——詹姆斯·欧文。

和杜克、欧文相比,"阿波罗14号"宇航员埃德加·米切尔身处太空所体会到的神秘感受更为极致。他说自己在登月时始终"被某种东西注视",这让他"和宇宙中的智能生命产生了一种心灵接触"。回到地球后,米切尔开始研究神秘的超自然现象,几十年来致力于遥感治病、念力控制、飞碟阴谋论等偏门课题。

在安德鲁·史密斯看来,登月宇航员们的"后登月"生涯之所以如此窘迫,是因为没有人对他们进行心理咨询或精神帮助,更没有人教导他们如何对待站在月

球上观看宇宙的奇特心理。

回到地球后，突然被推至公众面前，也让他们中的很多人无所适从。

第一位登月人"阿波罗11号"成员阿姆斯特朗一直承受着这种压力。阿姆斯特朗返回地球后，获得来自十几个国家的各种荣誉，他的自传在美国掀起一股"英雄崇拜"大潮。但阿姆斯特朗并不喜欢享受万众拥簇的感觉，对他而言，那是一种负担。他提到自己厌倦世界旅行，厌倦参加共聚一堂的酒会。

阿姆斯特朗不止一次在和媒体谈及"登月第一人"这个身份时说，当时只是形势迫使，自己才担当起那个角色。他也不止一次感慨："到底要花多少时间，别人才能不将我当作一名宇航员看待？"2005年，他在美国哥伦比亚广播公司的节目上接受访谈时，主持人提到，阿姆斯特朗的脚印可能在月球表面存留数千年。阿姆斯特朗马上回应："我希望某个人上去把它们擦掉。"

为彻底避开公众目光，阿姆斯特朗后来退出NASA，到辛辛那提市某航空工程学院当了一名大学教师，去世前一直住在杂草丛生的农场里。也有人分析，阿姆斯特朗的避世，还有另一个原因——躲避阴谋论。自20世纪70年代以来，阴谋论者就认定美国宇航员并没有登上月球。1974年，作家比尔·凯恩的《我们未曾登陆月球》一书轰动一时。

登月宇航员的健康状况一直被忽视。包括阿姆斯特朗在内的不少宇航员都提到，月球会释放某种刺激气味，当他们回到太空舱脱下宇航服后，发现自己的双手和面部遍布细粉颗粒，这些颗粒闻起来有点儿像火药味。

"阿波罗17号"宇航员施密特对媒体表示，自己重返地球后，和之前登月的11个人一样，患上了某种怪病——经常性打喷嚏、鼻塞，数天后才消退。随后，加州大学生理学家发现，致使宇航员患病的罪魁祸首是月表灰尘，它们会破坏人类的肺和大脑细胞。

比月表灰尘伤害更大的是太空辐射。2016年，一份科学报告指出，43%的已故阿波罗计划宇航员死于心脏疾病，原因在于，他们在进行月球勘测任务时曾遭受高强度太空辐射。登月宇航员患心血管疾病的概率比低地轨道太空飞行的宇航员高四五倍。

　　病痛、突然而至的荣耀，以及登月的奇幻感，都可能导致登月宇航员无法回归尘世生活。但12个人中也有例外。施密特在辞去NASA的职务后投身政界，角逐国会参议员职位并胜出。至于科林斯——"阿波罗11号"的"幕后英雄"，退役后同样选择了从政。2016年，在一部纪录片中，科林斯结合自己的经历感慨道："如果世界各国的政治领导人都能在10万英里开外反观地球，他们的眼界会发生根本性的转变。"

　　科林斯的说法，刚好解释了为何他没有陷入"登月魔咒"——从遥远的外层空间观看我们的星球，会让我们更为谦卑地面对世界，面对自己的人生。不要因为引人注目的闪耀时刻而脱离自己的轨道，每个人都要懂得如何归零、重启并继续前行。（文/罗　屿）

> 我们常会因为繁盛而喜欢夏天。对每个人而言，"不平凡"天然释放着吸引力，因为并不是每个人都有机会成为英雄。但世间的一切不平凡，最终都会回归平凡，就像繁盛的夏天随着时间的推移，也会转成冷色调。我们应该学会在平凡的生活中做一个平凡的英雄，这个英雄也许不能吸引太多目光，但生活本身已足够让我们的灵魂闪耀。

> **开个脑洞**
>
> 如何更科学地道歉才能赢得谅解？为什么道歉对很多人而言那么难？专门的道歉公司真的存在吗？为什么学会道歉是一生的修养？

道歉都说了，何必再说"但是"呢

"很抱歉，我错了，我保证以后不会再犯。"2012年，时任西班牙国王的胡安·卡洛斯一世被媒体曝出在经济危机的情势下奢华狩猎后，发表了道歉言论。但这次不痛不痒的道歉效果并不理想，媒体还是不断拿他狩猎一事做文章。

美国南俄勒冈大学语言学教授埃德温·巴蒂斯特拉，在自己的著作中说：很多人对"道歉"这一行为存在误解，觉得道歉是一种软弱无能的表现，但其实，正确的道歉不仅能表达出道歉者的悔意，化解对方的负面感受，还能增强彼此间的信任。所以，卡洛斯一世的道歉词中究竟少了点什么？

巴蒂斯特拉给出的建议是，道歉不要光说"对不起"，要再真诚一点，具体一点，最好能主动提出一些补救措施。比如，卡洛斯国王当时可以说一下，他那天到底有没有杀死一头大象，他狩猎的花销是否真如传闻所说的那么高昂，以及，为了缓解当时西班牙严重的经济危机，他将做出哪些努力。

尽管有卡洛斯国王这样失败的道歉案例，但也有一些成功道歉的案例，堪称完美道歉的范本，比如，西班牙球员赫苏斯·莫雷诺的那封公开道歉信。

2017年的欧冠决赛中，莫雷诺因踢了对方球员一脚被罚下场，第二天，他在道歉信中写道："我一直深爱着足球这项运动，但在那一秒，我抛弃了自己长期以来对这项运动的尊重；在那一秒，我为那些在球场边呐喊的孩子们做出了坏的榜样；在那一秒，我满脑子只想着要如何攻击那位毫无防备的对方球员。我没有靠着球技堂堂正正地击败对手，而是使用了如此不入流的手段，就像一个懦夫。我的行为给对方球员、球队，我方球员、球队，现场及所有喜欢足球运动的球迷造成了无法弥补的伤害，对此我深深地感到抱歉，我背叛了足球精神，我会为自己愚蠢的行为负责。"莫雷诺真诚的道歉不仅赢得了对方的谅解，也化解了两队的纷争，可以说是很成功的一次道歉。

美国马萨诸塞大学精神病学教授艾伦·拉扎尔曾说过，道歉与接受道歉，是人与人之间能够进行的最深刻的互动。道歉可以缓解犯错一方心中的内疚感、羞耻感，让其不再那么恐惧会遭到对方报复；接受道歉则可以化解被冒犯一方的屈辱与怨恨，打消要报复对方的念头，转而给予对方宽恕，双方的关系最后得以修复。

道歉除了必须发自内心之外，还有一些小小的技巧，可以让道歉更容易被对方接受。

首先，道歉要尽量避免用到"但是"这样的词汇，例如，"很抱歉我踩了你一脚，但是你当时站得实在是离我太近。"。包含了"但是"的道歉，听上去很像是在为自己的错误找借口，还顺带把责任推给了对方，结果可能是道歉不成，反而会让对方更加反感。

其次，在道歉中千万不要附加前提条件。例如，"如果我没做好你交代的事情，那么对不起"。这样的道歉听上去不像是你在主动承认自己的错误，而好像在暗示是对方要求你道歉，你才不得不道歉。

还有，在道歉中不要回避自己的问题，要简单明了地说出自己到底做错了什么。例如，当你把别人的东西弄丢了，对方因此而生你的气，这时如果你说"我很抱歉让你生气了"，听上去有一种避重就轻的感觉。同样情况下，简单的一句"我很抱歉把你的东西弄丢了"，就显得更真诚。

最后，除了言辞上要注意之外，道歉时的肢体动作也很重要。在注重礼仪的日本，人们在道歉时会使用"最敬礼"。行最敬礼时，双腿应合拢站定，双手交叉放在身前，或者垂直贴在裤子两侧，身体形成一条直线，先注视对方的眼睛，然后上半身迅速倾下45度，鞠躬停留一会儿，再缓缓抬起上身。由于道歉的礼仪太过烦琐，近年来日本出现了很多专门的道歉公司，为那些做错了事，但又不方便道歉或道歉被拒绝的人士服务。由此可见，日本的道歉文化是多么普及。

尽管道歉有让道歉者减轻负罪感、重塑形象、修复关系等好处，但很多人就是不喜欢道歉，即使他们真的错了，他们也嘴硬着不肯道歉，有的甚至还会为自己的错误辩解。

想让这些人道歉，为什么就这么难呢？澳大利亚心理学家泰勒·奥奇莫托通过实验来研究人们拒绝道歉的原因，结果发现，与犯错后愿意道歉的人相比，拒绝道歉的人自尊心更强，也更容易觉得自己拥有掌控力。

心理学家表示，道歉行为一旦发生，就表示道歉者承认了自己的错误，并把选择权交到了被道歉者手上。这时，被道歉者可以选择原谅，当然也可能心怀怨恨，继而羞辱道歉者。

从短期利益的角度来看，拒绝道歉比道歉对人更具吸引力，因为它在短时间内提升了人们的力量感和控制感。但是，从长期利益来看，拒绝道歉并不是一个好的选择，因为它会危害到人们相互间赖以存在的信任关系，扩大一些本可以避免的矛盾冲突。"当所有人都明显看出是你错了，这时还拒不道歉的话，只会暴露出你性格上的缺陷，而不是优点"。

　　巴蒂斯特拉教授把道歉形容成一种将一个人的自我撕裂成两个人的过程，其中，一个是之前犯下错误的自我，一个是谴责过去错误的全新自我。道歉使人开始反省自身，意识到自己做了不聪明的、伤害他人的事，道歉也证明了他之前的想法是错误的，能让他尽早地修正这一部分自我认知，从整体上实现自我提升，总而言之，道歉能让人变成一个更好的人。（文/［西班牙］劳拉·冈萨雷斯）

> 话语构成了我们思想和感情的容器。我们通过语言感知生活，而这些语言又反过来塑造了我们看待和参与生活的方式。通过改变语言，我们也能修改对现实的理解。有时候，道歉不是光说一句"对不起"就行的，还必须表达出希望被对方原谅的诉求。这其实不仅是一种表达的技巧，更是一种让自己变好的方法。

> **开个脑洞**　方向感为什么跟语言有关？语言缘何影响我们的思维方式？语法里可以读出等级观念吗？学习究竟学什么？思维定式应该怎样去突破？

用不到的知识，是否要学上二十年

从幼儿园到大学毕业，我们差不多有二十年的时间在校园里学习各种知识。进入社会以后，不少人会意识到，我们所学的很多知识用不到。那么，我们花这么多时间去学习一些以后用不上的知识，值得吗？尤其外语和数学。

先说外语。随着语言处理、人工智能等技术的不断进步，可能十年以后我们只需随身携带一个小型的翻译机，就能实现多种语言的同步翻译。那么，我们现在花这么多时间去学英语，值得吗？探讨这个问题之前，不妨先来回顾一部好莱坞大片，中文译名为《降临》。

女主人公露易丝是一个顶尖的语言学家，她被美国政府派去和突然降临到地球的外星人沟通。经过一段时间的交流，她真的学会了外星人的文字——一种圈形文字。在这种文字里，所有的单词在句子里都是平行关系，没有先后概念，颠来倒去都可以，如同一个圆圈。从这种文字中就可以看出，这群外星人没有线性的时间

概念，他们觉得"未来"和"现在"没什么区别。露易丝学会了这种圈形文字以后，也神奇地摆脱了时间的束缚，思维穿梭时空，看到了她和女儿的生死人生。这部电影非常生动地传达了一个理念——语言影响思维方式。

我们再来看看真实世界中的例子。美国加州大学的教授莱拉曾探访过澳大利亚一个偏远的原住民社区。这里的土著语言里没有"前后左右"的概念，一切都是以基本方位即东、西、南、北来定位。也就是说，当我们说"你的右腿"的时候，他们说出来的可能是"你的西南腿"。所以在日常生活中，你可能会听到他们说"有只蚊子在叮你东边的胳膊"或者"你南边的嘴角上有颗饭粒"这种表达方式。研究人员还发现，这些人的方位感奇佳，就算是在一个完全陌生的环境里，他们也总能很快地分清东西南北。

这位教授想到，语言中完全不同的空间定义方式，比如时间，会不会影响人们对其他事物的看法呢？于是她做了一个实验，请讲不同语言的人把一组照片按时间排序，这组照片显示的是同一个人从小到大的成长过程。

结果，讲英语的人是按照从左到右来排序的；讲希伯来语的人是按照从右到左来排序的，因为希伯来语是从右往左写的；而最有趣的就是这些澳大利亚原住民，他们的摆放顺序始终是从东到西——当他们面朝南方的时候，他们的摆放顺序是从左向右，而面朝北方时，摆放顺序又变成了从右向左，当他们面对东方时，竟然是从远处向自己的身体方向摆过来！

再比如，在韩国工作生活过的人，都能亲身感受到韩国无处不在的等级文化。如果你学过韩语，这个问题会更容易理解。因为在韩语的语法里，同一句话基本上都有三种表达方式：一种是对晚辈、下级的，叫"半语"；一种是对平辈、同学的，叫"平语"；一种是对前辈、上级的，叫"敬语"。所以，韩国人在社交场合，常常是没认识多久就要问年龄，这样才知道具体应该用哪种方式来表达。韩国人长年累月地这么说话，就自然而然地形成了一种牢不可破的等级观念。这也是一个"语言影响思维方式"的力证。

既然语言对思维影响这么大，我们若想深入了解一个国家的文化，就不能不去了解这个国家的语言。所以，掌握一门外语，让我们接触到一个更丰富、更多元的世界，有助于我们突破固有的思维方式，多一个角度去看待这个世界；同时，也能让我们从更多的角度理解、看待自己的文化；更有助于我们跳出狭窄局限的视角，用更开阔的格局去审视当下，眺望未来。

再说数学。学了这么多年数学，三角函数、立体几何……各种公式、定理一大堆，可大部分人在工作和生活中，基本上只需要用到小学学的四则运算。那为什么数学一直都是主科，而且我们还要花这么多年学它呢？

数学这门学科，对我们的思维能力提出两个要求：第一是严谨的逻辑推理能力，第二就是高度的抽象思维能力。数学证明题的答案是否显而易见，你必须一步一步、"因为所以"地把它给证明出来，而这种充分、有序的证明过程，对一个人的逻辑推理能力是极好的训练。这种思维训练做多了，会让我们以后在生活和工作中分析问题、做决策时更严谨，更有条理。

另外，数学也是高度抽象的，对抽象思维的训练非常有利。我们说树上有一只鸟，又飞过来一只，就是两只鸟——这是形象思维。而到了数学这里就抽象成了"1+1=2"，只保留了量的特征，舍弃了质的内容，这就是抽象思维。

我们所做的数学题，包括各种定理、公式，基本上都是剥离了具体形象和应用场景，从中抽象出一般性的问题。所以，数学在我们看来总是很枯燥。可实际上，正是这种枯燥的训练，让我们在分析事物的时候，更容易撇开繁杂的、零散的表象，穿透到事物背后，从更本质的角度看问题。

工作生活中，我们很多时候需要去说服别人，或者在谈判中去"寻找双方利益的最大公约数"。这时，就需要你具备透过现象看本质的能力，去了解对方的需求和痛点是什么，再用缜密的逻辑思维能力去分析，为什么你提出的方案是最佳的解决方案。

我们在中小学阶段，大部分时间都在进行基础学科的学习。这些知识本身固

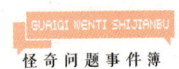

然是我们增长见识、理解世界的源泉，但除了知识的充实，最重要的，还是学习过程中对人的基础思维能力的训练和提升。这些基础的思维能力，并不拘泥于哪一门学科的学习中，也并不局限于某一个人生阶段的应用上，它就像一座大厦的地基，地基是看不见的，但是没有稳固的地基是盖不出高楼的。（文/常青藤爸爸）

> 一个人的格局当然是综合实力的体现，而其中智力因素往往只占很少一部分。其实，锁住我们想象力的，往往不是智力因素，而是沉浸在一个思维框架中，摆脱不出来。所谓创新能力，很多时候体现为质疑那些习以为常的东西的能力。而要改变我们的习惯思维，培养国际视野和跨学科思维能力，就非下苦功不可。这大概就是学习的意义之所在吧。

开个脑洞

有趣的灵魂什么样？无趣怎样劫持了我们的大脑？世界先喜欢了我们，我们如何更好地喜欢这个世界？如何把无趣的事做得更有趣？

世界先爱了我们，对此岂能只字不提

当代生活很容易陷入无趣。即便时间充裕，很多人也学不会如何寻找快乐。我们这个时代日常的无趣，包括但不限于：用购物软件只知买买买，刷微博只盯热点，锻炼只选在健身房留影，舞姿来去都是那三两个……

如你所见，单一、固定、被动、重复，却似乎又不能不这么做。翻译家朱生豪曾描述类似的状态："是一种无事可做，即有事而不想做，一切都懒，然而又不能懒到忘怀一切，心里什么都不想，而总在想着些不知道什么的什么，那样的感觉。"

当你的生活呈现如上状况，就得警惕了：你是不是被原生家庭和年少时培养的生活习性和思维观念定型了？是不是觉得自己没什么兴趣，且培养兴趣全然是多余的事情？是不是一闲下来就完全不知做什么好，以至于用无聊对抗无聊，成为劣质短视频、粗糙网游和床的俘虏？

有人总结了当下无趣之人的十种类型。其一，好奇心与知识储备贫乏，只喜欢说自己喜欢的东西，一旦话题稍微展开，便会因肚里没货而陷入无话可说的窘境。其二，习惯性地阻断好奇心，口头禅是"知道那么多有什么用"。其三，不看书，也不喜欢了解新知提升自己，除非最近有什么跟切身利益密切相关又避不开的考试，或者是工作任务所需。其四，对"人"缺乏兴致，也不热衷与人交流，觉得人是静态的、与自己同样无趣的，不想再联络老朋友或结交新朋友。其五，口味单一，拒绝接受新菜式，也很少做各种生活习惯上的积极改变。其六，拒绝旅行，对异地与不同文化习俗缺乏探究欲，安于在某个狭窄的生活圈子打转。其七，不接触甚至抵触外来文化，固执于偏见且不接受更多元的观念。其八，毫无脑洞，无法理解为什么会有一题多解，为什么有人可以天马行空地发散思维。其九，过于钝感，无法感知甚至拒绝了解时尚与流行文化的走向，生命体验趋向于静止。最后，盲从权威、畏惧犯错、不敢质疑，当他们身居高位时同样拒绝挑战与质疑。

新的时代本来就为所有人的活法提供了更多的可能性，互联网同时打开好与坏两道门。很多人因为互联网时代提供的便利变得更为有趣，活成了自己意想不到的样子；但也因为互联网的过分便利，很多人习惯以爱之名对你过分体贴，帮人定制这个那个服务，让人从一种狭隘走入另一种狭隘，变得钝感、不会选择、看山是山、照单全收。接受这些服务的人可能并不愚笨，有些还是行业的佼佼者，他们只是缺少更多元、更丰富的趣味。

"世间再无王小波"，著名作家王小波的有趣、敞亮和卓尔不群，是人们至今不断念起他的原因。他在反思艰难过往时并不直抒苦情，在追求"人生有意思"的路上从未停歇，用语言诠释生命应该如何有趣和勇敢。"假如这世上没有有趣的事，我情愿不活。有趣是一个开放的空间，一直伸往未知的领域。无趣是个封闭的空间，其中的一切我们全都耳熟能详"。

作家汪曾祺同样以有趣著称："活着，就还得做一点事。我们有过各种创伤，但我们今天应该快活。口味单调一点、耳音差一点，也还不要紧，最要紧的是对生活的兴趣要广一点。人不管走到哪一步，总得找点乐子，想一点办法，老是愁眉苦脸的，干吗呢？"

汪老的趣味，暖、细致入微、活灵活现。他虽然不是美食家，但他写高邮咸鸭蛋、萝卜、苦瓜这样的食物，做一道自创的"汪氏煮干丝"，把看似平凡的事物勾勒出让人垂涎的味道。若不是对地方文化的脉络、食物形状及搭配充满好奇，对生活有一种无关财富又宽厚无边的热忱，是写不出这样丰润、带着甜蜜滋味的文字的。所谓"世间最为普通的事物，平中显奇，淡中有味"，趣味全在生活看似不起眼的琐屑之中，有心人物尽其用，一件东西能把玩出多种味道，自然活得快乐活泛许多。

汪老有一句话很值得咀嚼："世界先爱了我，我不能不爱他。"世界如何爱我呢？在当下，我们大可以理解为：世界已经提供了如此多有意思的事物，提供了这么齐备的探究工具，生产了那么多有趣的生活方式，正是我们平凡人生的极佳参考——此所谓"世界先爱了我"。既然世界如此慷慨且生命只有一次，我们应该尽可能去寻找更丰富、美好的经历，才得以不枉此生，不陷入无趣、无聊、无为之境——此所谓"不能不爱他"。

作家王小圈认为，本质上"有趣"是对精神世界深远的探求；我是主体，也是客体；我在观察，也被围观；我认识这个世界，世界也在认识我。我以有趣的灵魂展示给世界，世界也以有趣的面貌展示给我。有趣是interesting，也是interested，是让人觉得我有趣，也是让我对人生产生兴趣。

有趣有着许许多多具体的样式。

有趣是"无所求"。有人问，有趣到底有多重要？作家马伯庸回答："当你以重要不重要来衡量有趣的话，那有趣也就无趣了。"

有趣是"全然的乐观"。马克·吐温笔下的少年哈克贝利·费恩，在颠沛流

离的途中、暴风雨的夜晚，依然津津有味地看被闪电点亮的孤岛和随风摆动的树木，然后才沉沉睡去。

有趣是"无聊出花来"。古龙笔下的无聊三侠燕七、郭大路、王动数窗下有多少根冰柱子：郭大路数过17次，知道一共有63根冰柱子，其中26根较长，37根较短；燕七数过40次；王动只数了3次，理由是"我要留着慢慢数"。

有趣是"怕来不及"。有些人总是焦虑时间太短，想做、未做的事却太多太多，就像词人林夕写的《阿怪》："他常说日子过得太快/还没攀过乌拉尔山脉""他常说日子过得太快/还没试过住在寒带""他常说日子过得太快/还没亲眼见过鬼怪"，以及"还没试过亲身种小麦，来不及到北极看苔原带，来不及看一朵花怎么盛开"。

有趣是"没有终点"。50岁一样可以刷最新资讯、用最酷的电子产品、保持广泛的阅读，可以考驾照并大胆上路、熟悉微信新功能、活用淘宝甚至闲鱼、定期出国旅游……没人可以阻止你为更好更开阔的生活而努力，除了你自己。

美好的人生要跨越崇山峻岭，而有趣是通向山顶的一条景色最好的小径。

（文/詹腾宇）

智识情报站

我国著名作家王小波在文章中说，自己虽然活到不惑之年，仍不知道"为什么有很多人总是这样地仇恨新奇，仇恨有趣"。没有更多的生活方式去选择，认同的正确活法少了，生活在狭小的空间里，生命自然也就无趣了。如今，我们生活在更容易追求"诗意世界"的时代，如果最后只能车辙辘一般过完此生此世，无疑是巨大的遗憾。时代给了如此多的便利，正是鼓励我们成为不一样的人，不是吗？

开个脑洞　觉得《蒙娜丽莎》不美是哪里有问题吗？为什么毕加索的画作总是丑到爆？谁能决定一幅画是不是名画？

作为世界名画，怎么可以这么丑

你是否曾对课本上那些关于名画的溢美之词充满不解？比如蒙娜丽莎的端庄优雅、美丽动人——你是否横看竖看也无法看出画中人美在哪儿，却又因为不想被说成"没品位""不懂欣赏"而不敢开口，只能将这样的疑惑深深地埋藏在心中？如果真是这样，首先你应当觉得欣喜：不是你一个人有这样的疑惑。

在质疑名画为什么这么丑之前，先要弄清楚什么才是"名画"。把名画解释为"有名的画"并非不对，却忽略了理解名画最重要的元素：谁让名画变得有名，以及名画为什么有名。

让一幅画成为名画的有两类人：权贵和艺术批评家。比如在欧洲，权贵阶级通常是画家们的出资人，也是大师们直接服务的对象，他们能够直接决定一位年轻画师能否进入权贵阶级的小圈子而成为"画家"。若一位公爵夫人不小心看中了某一个年轻画家的作品，并高价购入的话，这位年轻画师就差不多上道了，他的作品

也会流行起来。而那幅被高贵的公爵夫人收入囊中的作品，也就可以等着被艺术批评家琢磨一番了。若是平平无奇的话，或许也就这样了，但若批评家们大放溢美之词或满腹挖苦的话，这幅画就很可能作为当时的一个现象被记录下来，日后便成了艺术史学者笔下的"名画"了。

不过，请不要把权贵们想得那么骄奢淫逸、昏庸无能。彼时的权贵阶级坐拥优厚的物质条件，男性大多能文能武，不仅精通剑法射猎，还满腹诗书。佛罗伦萨最伟大的统治者之一洛伦佐·美第奇就是这样一个人。洛伦佐不仅是统治者，也是达·芬奇等人的主要赞助人之一，就是在他的统治下，佛罗伦萨才有了文艺复兴的盛世。

没有一幅画单纯因为"美"而有名，每一幅名画的诞生都需要画家精湛的技艺以及当权者的认可和支持，尤其是在文艺复兴时期。在那个时代，有许多画作因为刷新了"美"的概念而被载入史册。美的概念，直到被现代主流审美认同之前，一直伴随着时代的洪流不断进化、完善。而"美"的进化一直以来都仰仗着大师们高超的技术。

在摄影诞生之前，绘画一直都是一种用于记录事实的技术，所以在此之前，那些被认可的"杰作"，皆代表了那个时代绘画的最高水平。这里最广为人知的例子，就是经常被人"吐槽"的《蒙娜丽莎》。在"吐槽"蒙娜丽莎是男是女之前，大家要知道，早期的西方美术只为宗教服务。欧洲各地教会集金钱与权力于一身，自然能出高价让声名最盛、技术最精湛的匠人（当时尚未诞生画家的概念）把教堂打造成教士们想要的样子：华丽、壮美、高不可攀，无处不显示着神权的至高无上。

然而在很多现代人看来，以拜占庭艺术为代表的中世纪美术，除了背景中的大片金色熠熠生辉之外，无非是些暗淡的用色，呆板的人物表情、动作和肃穆到令人窒息的宗教色彩。这种不可抗拒的呆板在"欧洲绘画之父"乔托的笔下有了一些改善——但他那幅著名的画作《哀悼基督》，在许多人眼里依旧是毫无美感的。

我们只需要稍微细致一点，就能发现图中人物的面部有了悲怆的表情，衣物有了褶皱，能使观者感到缎料的质感，画中人物也有了动态。这些在许多人眼里依旧不起眼的细节，在当时来说却是革命性的，也是这样一幅"毫无美感"的作品成为名画的原因。

至此，你也许就会开始觉得《蒙娜丽莎》的美不再那么难理解了。你是否从中看到了更为柔和写实的色彩，更加丰满生动的人物形象，以及之前作品都没法捕捉到的那种似笑非笑的表情？也许你依然无法感到美，但这不妨碍你感受到绘画技术的进步。要知道，从乔托到达·芬奇，走过了将近200年。而在这200年间，还有许多人为绘画技巧的提升所做的努力未能有幸被世人所知。这样，《蒙娜丽莎》就有了更深刻的历史意义：有史以来第一次，绘画的主题由神变成了人，文艺复兴运动正式被推向高潮。

除文艺复兴时期的作品之外，被质疑得最频繁的，还有以毕加索为代表的现代派画家的作品。"毕加索们"活跃在后工业革命时期，在那个年代，摄影技术已经问世，绘画失去了它的纪实功能，开始向新的角色过渡。20世纪的绘画，有着前所未有的多样性：印象派、后印象派、野兽派、立体派……大家普遍觉得丑的毕加索画作就是在这样的背景下诞生的。

也许达·芬奇的作品还能用精湛的纪实技术说服你，而毕加索的画作在许多人眼里简直一无是处：可怕的用色、粗犷的笔触、支离破碎的脸孔——这样的搭配可能会瞬间摧毁一个决心膜拜大师的人对绘画的信仰。然而，这些并不妨碍毕加索的画作成为旷世名作。确切地说，正是这些让毕加索的画作永载史册——粗犷的线条和猎奇的用色让"立体主义"这个名词被艺术史铭记。在那个年代，任何一个新诞生的名词都代表着美术的一种新的可能性——原来肖像画还能这样画！

所以，在质疑毕加索的画作太丑或没有技术含量时，你可曾想过，是否真的

　　像很多人说的那样,随便谁都能画出这样的作品?模仿也许不难,难的是创新并沿着创新的道路一直走下去,开创一个画派,并吸引一众追随者。

　　当以往的大师们达到了绘画技术的极致,作为艺术的绘画需要的是有创意的革新。而在很多人眼中作品有些丑的现代派画家们,都是走在这条路上的开拓者。你当然可以"吐槽"毕加索笔下人物形态与颜色的丑,但试问在此之前,有谁能想到可以用这样的方式表现人物呢?所以,觉得名画丑大约有两个原因:第一,将主流审美模式带入了艺术欣赏;第二,局限于美术作品表面的美学意义,而忽略了它们更深层次的历史价值。(文/多　粒)

　　自始至终都没有人强迫你认为名画是美的,博物馆里陈列这些画作其实并不仅仅是为了重塑人的美学观,更多的是为了告诉人们这些画作的历史意义——连接着怎样的变革,隐喻着怎样的事件,表现了哪些人类文明的成就。觉得名画丑和会不会欣赏其实没有太大的关系。

孙悟空遇到唐僧后为什么总是被人打?横扫天下的金箍棒怎么突然不灵了?"自由创业"的妖怪们真的更厉害吗?一部好作品如何才能有格局?

后来的孙悟空,为什么总是不如人

读《西游记》的时候,大概很多人都有一个疑惑,为什么孙悟空后期的战斗力大不如前?

前期,作为齐天大圣的孙悟空,闹地府,闯龙宫,威震寰宇,即便被投入太上老君的炼丹炉都未伤分毫,如果不是如来前来降他,估计谁都不知道该如何收场。此时的孙悟空在很多人心中绝对天下无敌。

然而,猴哥儿自打从五行山下出来,表现就有点儿令人大跌眼镜了。尽管他手里依然抡着定海神针,有七十二般变化,但取经路上,有三分之一以上的妖怪他都对付不了,经常上天庭和灵山搬救兵,而且出现过生命危险——比如他曾被红孩儿的三昧真火烧得晕死过去,还曾被蝎子精蜇得头痛欲裂。那个大闹天宫,神通广大的猴子哪里去了?

对于这一点,有多种解释。一种说法是大闹天宫时,天兵天将都是为天庭卖

命,和孙悟空打起来根本就是在敷衍,孙悟空因此得以纵横驰骋。而地上的妖怪不同,他们都是自己"创业",须为自己的人生负责,只能拼命,这样就增加了降妖伏魔的难度。还有一种说法是,孙悟空在五行山下压了五百年,三天不练手生,战斗力肯定要大打折扣。以上说法不无道理,我们不妨再从创作的角度来看一下孙悟空战斗力忽然变弱的现象。

小说和影视剧里的主角往往自带"主角光环"。所谓"主角光环",是指主角们往往很强,很幸运,总能在各种矛盾冲突中全身而退。孙悟空一出场就带着强烈的"主角光环"——在石头中孕育,一出生两道目光居然惊动了天庭。恐怕没有哪部小说主人公的出场能闪亮到这个地步。然后他出海拜师,获得装备和武器,从地下打到天上,无往而不胜。虽然后来被压在五行山下,但其强大的战斗力仍然令人印象深刻。

接下来问题来了。故事必须延续下去,孙悟空作为主角不可更改,可如果还按照他原有的战斗力去写,取经路上那些妖魔鬼怪哪里是他的对手。取经易如反掌,那就意味着没有波折,没有悬念,没有九九八十一难。这样一来,故事还怎么写下去。

"主角光环"太强烈,故事就没法发展,应该怎么办?作者吴承恩自有办法。他先让孙悟空在五行山下待着,趁着这五百年的空当,笔锋一转,跳到十万八千里外,写唐玄奘和唐太宗,讲取经的缘起。平缓一段之后,再绕到孙悟空这里,展开新的故事情节。

接下来,吴承恩做的一件非常重要的事就是削弱孙悟空的"主角光环",刻意降低猴哥儿的战斗力。他吃的第一个苦头是在五庄观遇到镇元子。可怜悟空在镇元子面前毫无办法,每次只能束手就擒。偷吃人参果这个故事十分关键,可以说是减弱孙悟空战斗力的重要一环,让我们意识到,原来齐天大圣孙悟空也不是什么人都能对付的,并预感到他们师徒以后的取经之路不会那么顺遂。果然,后面的苦头真够唐僧他们受的,黄眉怪、大鹏金翅鸟、蝎子精、青牛精、红孩儿、牛魔王等,一关比一关难过。猴哥儿作为主角经常颜面扫地。

所谓九九八十一难,从某种程度上说就是作者设置的八十多个精彩故事。而这八十多个故事要每个都精彩,就不能让齐天大圣上来一棍子横扫所有妖魔鬼怪,所以削弱孙悟空的战斗力就成了必然趋势。孙猴子不弱一点,故事就精彩不起来。

颇值得一提的是,随着孙悟空战斗力的削弱,连他的法宝如意金箍棒似乎也不怎么灵验了。按照东海龙王的描述:"那块铁,挽着些儿就死,磕着些儿就亡,挨挨儿皮破,擦擦儿筋伤!"这么厉害的兵器,后来在大部分妖怪面前都没发挥什么重要作用。

"主角光环"闪耀不退,可以说是写好故事的大忌。没有了波折,没有了沮丧,没有了失落,文章就跟着平淡了。创作有时候就要对自己笔下的人物狠一点。当然,取经过程中发生的事也不是一味让孙悟空受挫。其神勇和受挫,总是交替出现。总是受挫,必然会导致人物走向另外一个极端,让我们对所谓的齐天大圣失去敬仰之情。

另外,小说创作讲究结构的完整。前面铺设好的框架,出现过的人和事,最好在后面还有延续,还有交代。《西游记》的创作当然也是如此。本书的第一主角是孙悟空,他的核心使命是保护唐僧西天取经,各种妖魔鬼怪是他们前进路上的绊脚石。然而,如果只安排一条"打怪升级"的路线,跟唐僧师徒发生联系的人物只有这些妖怪,结构就单一了,故事所反映的内容也会变得非常狭窄。所以,想要扩大故事的容量,就必须有更复杂的人际关系。

在孙悟空踏上取经之路前,作者已经为我们描绘了一幅非常复杂的人物架构图。某种程度上,孙悟空大闹地府、龙宫、天庭的过程,也是作者构建人物关系的过程。这些关系,如果在取经的过程中完全放弃不用,让太上老君、托塔天王、哪吒、二郎神、观音、如来全在那里闲着,小说里出现过的人物忽然大批沉寂,那会

是多大的败笔。所以,前面的故事和人际关系在后面继续出现、继续存在还是很有必要的。

从这个角度出发,也得削弱悟空前半段那不可思议的战斗力,让他经常有斗不过的妖怪,时不时地向各方求救,从而把以前的"老朋友们"推上舞台。比如在消灭六耳猕猴的过程中,联系了观音和如来;在对青牛精无可奈何时,出现了太上老君;和牛魔王打得难解难分的时候,引出了哪吒……如果全凭孙悟空就能对付,其他人物又该以什么方式直接出现呢?取经路上,除了唐僧师徒,还有各路人物始终相随,才能让整部作品具有磅礴之势,反映更驳杂的内容。

其实,每个人都不可能在一帆风顺中成长,必然会遇到挫折,遇到失败。如果孙悟空一如既往地天下无敌,那他就无法成长,只会是一个平面的人物。安排一些高过他的对手,打得他不知所措,伤心落泪,甚至有生命危险,才能让他真正地成长起来。事实上,也正是在一次次被妖怪击败,四处寻找帮助的过程中,孙悟空逐渐意识到了自己能力的局限,开始有了团队意识,并学会了尊重他人,直到取得真经,他也完成了个人的修行。(文/刘黎平)

> 作为主人公,故事里的角色有"主角光环"是可以理解的。然而,过于强调所谓的"主角光环",有时反而会让主人公失去光彩。我们在写作的过程中,应该学会有意识地给主角制造一些麻烦,让他的"主角光环"因为遭遇挫折而暗淡。不过不用担心,我们心爱的那些人物,往往会因为这样的操作而变得更加立体。

Chapter 4

科学的革命

科学这部小说,为什么可以描述整个宇宙

 科学理论都是正确的理论吗？什么是科学？科学精神的本质是什么？功利主义的科学观有哪些局限？我们应该如何更好地了解科学？

我们对科学有多少误解

有一种现象值得注意，那就是我们对科学常识的种种误解。比如布鲁诺、哥白尼、伽利略中，到底谁是被罗马教廷烧死的？当然是布鲁诺。可布鲁诺为什么会被烧死？过去我们以为是因为他传播"日心说"。其实，布鲁诺是为了捍卫自己的宗教信仰而死的。1600年，他被烧死的时候，"日心说"是合法的学说。

那么，又是谁在比萨斜塔上扔了铁球？当然是伽利略。根据后来发现的伽利略手稿，伽利略想证明重东西、轻东西是同时落地的，他的确做了这个实验，但实验结果非常奇怪。他发现重的东西反而落得慢，轻的东西则落得快。空气是有阻力的，那么应该是重的东西先落地啊！所以事实是，伽利略确实扔了铁球，但实验结果很奇怪，并没证明他想证明的。

还有，苹果有没有砸到牛顿？苹果砸下来，是不是导致了万有引力定律的发现？其实，万有引力定律早在开普勒定律出来之后就呼之欲出，当时很多人都在思考这个问题,绝不是因为苹果砸了牛顿以后他才想到的。那么,苹果砸下来这个说法是哪儿来的?牛顿晚年对崇拜者说,早年他家的苹果砸了他一下,所以这个细节被写进了他的传记里,也不知道他是老糊涂了,还是讲故事或开玩笑。

这些简单的问题,在中国实际上有很多是以讹传讹。说哥白尼或伽利略被教会烧死,不就像说曹雪芹是《三国演义》的作者吗?这样的错误广泛流传,说明对科学的误解在我们生活中还是非常普遍的。

还有一些比较"高级"的误解。比如,人们一般认为,科学理论是正确的理论,这种说法对吗?不能说全对。科学是一个历史发展的过程,一种理论在某一个阶段是正确的,后来可能被证明是错的,新的理论能使旧的理论变得局部正确,而不是绝对正确。

像牛顿力学,它在诞生时是标准的科学理论,但有了相对论以后,就变成局部正确的理论。还有,因为哥白尼的"日心说",我们就很容易丑化哥白尼的对立面——托勒密的"地心说"。可事实上,"地心说"是古代世界最伟大的科学理论之一,它把数学模型和天文观测相结合,是一个标准的科学理论。不能因为"日心说"被接受了,就说"地心说"不是科学理论。今天我们知道宇宙没有中心,所以"日心说"其实也不是完全正确。宇宙没有中心,也就无所谓地心、日心了。

再比如,科学家是乏味的专家吗?也不完全如此,很多科学家甚至非常有情调,多才多艺。著名物理学家玻尔,不仅是量子力学的重要创始人,还是著名足球运动员。1922年,当地报纸曾这样报道:"我国著名足球运动员玻尔获得本年度的诺贝尔物理学奖。"他当时是哥本哈根大学足球队的门将。

以上这些误解都是小误解,还有一类误解是很大的误解。这类误解与文化有关,属于观念类的误解。中国人最常见的观念上的误解是"科""技"不分,以"技"代"科"。我们总是从功利角度、实用角度看待科学。我们特别能够理解科技是生产力,所以科学的工具化、手段化是我们头脑中根深蒂固的观念。

其实科学从起源开始，它的基本精神是为科学而科学，不为满足某些实际的应用。为什么我们会对科学有这样观念上的误解呢？其中有两个主要原因。

第一个原因，科学是舶来品，并非古代汉语固有的词。

爱因斯坦说过，现代科学有两大来源，一个是以《几何原本》为代表的希腊形式逻辑思想，一个是来自近代的实验思想，所以科学其实起源自希腊。希腊人怎么看待科学呢？亚里士多德有一句名言："为了科学而追求科学，而不是以某种实用为目的。"科学纯粹是为了知识本身而设立的。以古希腊数学家欧几里得为例，有一个学生跟他学了几天几何后就问："老师，我们学这个东西有什么用？"脾气一贯很好的欧几里得勃然大怒，说："我怎么会教你有用的东西？我教你的完全是无用的东西。"在欧几里得看来，越是无用的东西越是纯粹，越是真正的科学，所以希腊人把无用的、自由的、纯粹的科学视为真正的科学。

而在我们的传统文化中，知识本身没有独立地位，读书只是手段。学而优则仕，读书是为了做官，是为了光宗耀祖，最不济也是为了养家糊口。所以，我们缺乏超越功利主义的精神。

第二个原因，和中国近代接受西方科学的历史有关。

西方的科学是随着两波"西学东渐"的浪潮进入中国的。第一次西学东渐在明末清初，一批传教士来中国传教，带来了西方科学，代表人物是利玛窦、汤若望、南怀仁。利玛窦在明朝万历年间来到中国，他和当时中国的一些优秀知识分子如徐光启等人，共同开启了"西学东渐"的大门。他和徐光启合作翻译了著名的《几何原本》前六卷。然而，中国人对他们带来的东西的兴趣主要着眼于器物层面，除了极少数人，几乎没什么人对西方的科学理论感兴趣。徐光启翻译了前六卷《几何原本》后，因父亲去世回家奔丧，回来后利玛窦也去世了，这一耽搁就几乎使研究停滞了。另一半的《几何原本》译本一直到1857年才补齐，整整耽误了250年，而这250年正好是西方科学技术迅猛发展的大时代。

什么时候我们才对西方科学有兴趣了呢？第二次"西学东渐"的时候。从1840年开始，西方列强用炮火打开了我们封闭的国门，这一次我们被迫要学。洋务运动的口号是"师夷长技以制夷"。当时我们发现西方人之所以船坚炮利，不仅仅是因为他们的工艺先进，主要背后有科学作支撑。要造船就要有物理学、数学，要造炮就得有化学。从那个时候开始，我们认为，科学首先是"夷之长技"，是军事技术。在特殊的历史际遇下，国人心目中的科学其实就是力量型的科学，是技术。

富国强兵、振兴中华是近代中国人学习科学的根本动力，也是我们对科学的基本文化认同，这个认同在一定程度上是有积极意义的。整个近代驱动中国人学习科学的主要动机就是家国情怀。经世致用的儒家思想在推动中国近代科学发展的过程中扮演了关键角色。比如"两弹元勋"王淦昌院士，当时国家说，希望你参加这个项目，你觉得怎么样？他说："我愿以身许国。"他隐姓埋名28年，他的儿女28年都没见过他。所以，我们不少最优秀的科学家都有浓郁的家国情怀。

为什么科学精神出现在古希腊而不是有悠久历史的中国？著名学者冯友兰先生在20世纪20年代写过一篇文章探讨这个问题。他说，主要原因不是我们不聪明，而是就中国文化的价值观而言，我们不太需要科学，因此我们对科学既说不上喜欢，也说不上厌恶。我们古代优秀的知识分子都在做其他事情，比如吟诗作赋，他们倾向于在审美、在诗性的领域精雕细琢，没有走上发展科学的道路。

中国的天文学，从表面上看与西方科学非常相似，可实际上，中国的天文学只是礼学的一部分。它的目的是奠定皇权统治的合法性，以及规范老百姓的日常行为。所以，中国的天文学不是西方意义上的科学。

西方文化以"两希"文明为主体，其中之一的希腊民族是海洋民族，重视贸易，因此迁徙成为常态。迁徙文化的特点是"生人文化"——人们迁徙到新的地方，可能都不认识、不熟悉。生人文化怎么构建社会秩序呢？靠契约精神，通过信用和法律构建社会秩序。契约文明要求每个人都是独立的个体，独立自主的个体被西方思想家抽象为两个字——"自由"。所以，自由精神是西方文化的核心价值，也是理解西方文明非常重要的关键词。古希腊人认为，要培养一个自由人，就要让他学习自由的科学。科学从一开始就是自由的，是超功利的，是自我演绎的——可证明，可推理。

希腊人对自由人性有独特的理解，他们认为人有了知识就自由了，相反，没有知识就很糟糕。苏格拉底说过，"一个人不可能主动犯错误，错误都是无知造成的"，知识成了希腊人的最高追求。所以，科学精神诞生于古希腊文明，与这种特有的文化氛围有关。

100多年以来，中国文化依靠家国情怀，依靠人们对家庭、集体、国家的责任感，把中华民族从奄奄一息的状态中振兴起来，但这些还不够。功利主义的科学观在某个历史时期有正面意义，但其局限性越来越明显。

真正的原始创新能力来自哪里？第一，无功利的探索热情；第二，无拘无束的自由探索。如果只是用单纯的功利主义态度来对待科学，是有局限的。因此，如今我们要面对的一个问题，就是如何把自由的科学精神融入中华民族仁爱的土壤中。这或许才是未来更有力量的文化。（文/吴国盛）

> **智识情报站**
>
> 牛顿被苹果砸中脑袋，然后发现了万有引力；瓦特看到开水使壶盖跳动，发明了蒸汽机……这些在人们脑海中早已根深蒂固的传说，很多已被确凿的考证推翻。这些科学史上的神话传说扭曲了科学过去和现在的样子，所以不能不在乎。比如，当我们总是强调完全原创的重要意义时，可能就错过了一个探索科学发现的常态方法——实际上，科学家们在提出颠覆性的学说之前，都会有效阅读并利用前辈或同时代其他学者的工作成果，与同行进行交流，他们确实站在巨人的肩膀上。

客观规律，还是依赖于主观愿望的发明？也许7是一个独立于我们的真实客体，它的本质是什么，却是数学家目前还在探索中的事物。或许，它只是人们想象中的虚构之物，其定义和属性是灵活可变的。事实上，数学研究的这种行为激发了一种观点，在该观点中，数学既是人类的发明，也是人类的发现。

这一切看来有点儿像即兴表演的戏剧。数学家构造了一个由少数字符或客体构成的数学背景舞台，以及一些互相作用的规则，然后看这些数学对象在这种背景下如何发展演变。结果是，这些字符演员完全独立于数学家的意图，迅速发展出令人惊讶的特性和关系。然而，无论谁来导演这场剧，结局总是一样的。正是这种结局的必然性赋予了数学学科强大的凝聚力。但关于数学对象的本质还隐藏着，没被发现。

我们如何判断数学命题是否正确？跟自然科学家通过从观测自然现象来推断自然界的基本原理不同，数学家是从数学对象的规则开始，严格推导出结论的。这种演绎过程被称为证明。这个过程通常从比较简单的前提出发，推导出复杂的结论。

但证明仅赋予了数学基于某些条件才成立的真理，也就是说，结论的真实性取决于前提假设的真实性。证明基于某些核心假设，其他的结论都依赖于这些假设。这就提出了一个问题：这些核心假设和想法从何而来？

其实，数学最重要的一点，通常是有用性。例如，我们需要数字，以便我们可以计算牛的头数。有时，最初的假设是具有审美趣味的。因此，在证明一个新定理之前，数学家需要观看这出戏剧的发展。只有这样，数学家才能知道要证明什么：什么才是真正不变且必然的结论。因此，数学的发展有三个阶段：发明、发现和证明。

数学中的角色几乎总是由非常简单的对象构成的。例如，圆被定义为与中心点等距的所有点的集合。因此，圆的定义依赖于一个点的定义（这是一种非常简单的对象）以及两个点之间的距离。这导致一些数学家和哲学家将数学设想为倒金字塔，其中许多复杂的对象和想法都是从位于狭窄塔底的简单概念中推导出来的。

在19世纪末20世纪初，一群数学家和哲学家开始思考，到底是什么托起了这个沉重的数学倒金字塔。他们极度担心数学没有基础——没有任何东西支持1+1=2这样的数学结论的真实性。

大部分现代数学使用着一套随时间推移而逐渐形成的标准定义和惯例。例如，数学家曾经将1视为素数，但现在不是了。然而，他们仍然在争论0是否应该被理解为自然数（有时称为计数数字，自然数被定义为0、1、2、3……或1、2、3……这取决于你问谁）。哪些字符或发明能成为数学经典的一部分，通常取决于结果的有趣程度，而这种观察可能需要数年时间。从这个意义上讲，数学知识是累积的。

如前所述，数学家一开始考虑在特定应用条件下来定义数学对象和公理。然而，随着时间推移，数学发展到了第二个阶段——发现。例如，素数是乘法的基石，是最小的乘法单位。如果一个数不能写为两个较小数的乘积，则此数是素数。所有非素数（合数）都可以通过一组唯一的素数相乘得到。

1742年，德国数学家哥德巴赫假设每个大于2的偶数都是两个素数之和。如果你选择任意一个偶数，那么哥德巴赫猜想指出，你都可以找到两个素数相加得到这个偶数。如果你选择8，这两个素数是3和5；如果你选择42，则可以为13+29。哥德巴赫猜想之所以令人惊讶，是因为尽管素数起初被设计成相乘，但这个猜想表明，素数之和与偶数之间存在令人难以置信的关系。

大量证据表明，哥德巴赫猜想是成立的。比如通过计算机计算，人类已知最大偶数下的所有偶数都符合这个猜想。但是，这一证据不足以让数学家们宣称哥德巴赫猜想是正确的，因为无论计算机检查了多少个偶数，但偶数有无穷多个，因此总可能存在一个反例潜伏在角落里——一个不是两个素数之和的偶数。

想象一下,计算机每次找到两个素数之和为特定偶数的时候,就把这个偶数记录下来。到目前为止,这是一个非常长的数字列表,你可以把它作为一个令人信服的理由,让大家相信哥德巴赫猜想是对的。但总有人能够想到一个不在列表中的偶数,并询问你如何知道哥德巴赫猜想对于那个数字也依然成立。不是所有(无限多个)偶数都会出现在列表中,因此,只有从基本原理出发,通过逻辑论证证明哥德巴赫猜想对于任何偶数都成立,才足以将这一猜想提升为一个定理。然而,直到今天,还没有人能够提供这样的证明。

哥德巴赫猜想说明了数学发现阶段和证明阶段之间的重要区别。在发现阶段,人们寻求数学事实与数学现象,而数学本质则需要坚实的证明。

数学家需要整理数学发现并决定要证明什么,因为很多数学现象具有欺骗性。例如,让我们构建一系列数字:121、1211、12 111、121 111、1 211 111等。我们做如下一个猜想:数列中的所有数字都不是素数。为这个猜想提供证据是很容易的。可以看到121不是素数,因为$121=11\times 11$。同样,1211、12 111和121 111都不是素数。这种模式可以持续一段时间,但随后,它突然出错了。这个序列中的第136个数(即数字12 111……111,其中有136个"1"跟在"2"后面)是素数。

数学发现阶段仍然是极其重要的。比如它可以揭示哥德巴赫猜想给出的素数之间的隐藏联系。在发现这种深刻联系之前,数学家通常会对两个完全不同的数学分支进行研究。不同分支的发现最后居然会殊途同归。这些惊人的发现是数学美感和好奇心的一部分。它们似乎指向一个更深层次的基础结构,而数学家才刚刚开始理解这些结构。

从这个意义上说,数学既能被发明,又能被发现。研究对象是被精确定义的,但它们具有自己的生命,会揭示意想不到的复杂性。因此,数学对象可以被视为既是实际存在的,同时又是被人为创造的。

数学现实主义似乎是发现阶段的哲学立场：数学研究的对象，例如圆和素数，是真实并且独立于人类思想而存在的。就如同探索遥远星球的天文学家或研究恐龙的古生物学家，数学家是在收集对真实实体的认识。

现实主义的各种表现形式，如柏拉图主义（宣称理念形式是绝对的实在），很容易理解数学的普遍性和实用性。每一个数学对象都具有一个性质，比如7，它是一个素数，如同恐龙具有飞行的属性。这就解释了为什么跨越时间、地理和文化差异的人们普遍认同这些数学事实。

但有些人对现实主义持有反对意见。他们认为，如果数学对象真实存在，那么它们的性质肯定是非常独特的。首先，数学对象非常抽象，所以你不能真正地与它们互动。这是一个问题，因为恐龙能分解成可以看到和触摸的骨骼，行星也可以从恒星前面经过，被天文学家观测到，但数学上的圆是一个抽象的物体，不受空间和时间的限制。事实上，π是圆周与圆直径的比值，并不与甜甜圈有关；它指向的是一个数学上抽象的圆，其中距离是精确的，并且圆上的点也是无穷小的。这样一个完美的圆看起来在现实生活中无法达到。那么，如果没有某种特殊的第六感，我们如何才能了解有关圆的事实呢？

这就是现实主义的困难之处——它无法解释我们如何知道抽象的数学对象的本质。所有这些都可能导致数学家从现实主义立场上退缩。所以，反现实主义把数学框定为一种纯粹形式的思维练习，或一部完整的虚构小说，这很容易就能避开认识论的问题。

形式主义是一种反现实主义的形式，也是一种哲学观点。它主张数学就像一场游戏，数学家们只是在玩游戏规则——说7是素数，就好像在说骑士是唯一能以L形式运动的国际象棋棋子。另一种哲学观点是虚构主义，认为数学对象是虚构的——说7是素数，就像是在说并不存在的独角兽是白色的。数学在其虚构的宇宙中存在意义，但在它之外没有真正的含义。

但是，如果数学只是被编造出来的，那么它怎么可能成为科学中必不可少的一部分呢？从量子力学到生态学模型，数学是一个广泛而精确的科学工具。科学家可不指望基本粒子按照国际象棋的规则移动，描述这些自然现象的重担完全落在了数学身上，这与游戏或虚构是截然不同的。当然，数学家可以自由地选择对自己职业的解释。在《数学经验》一书中，作者们有一句名言："典型的职业数学家平日里是柏拉图主义者，在周末则是形式主义者。"（文/［美］凯尔西·休斯顿·爱德华兹）

也许数学是我们人类虚构出来的一种游戏规则，但当我们没有更好的语言去描述这个世界时，它就是我们目前所需要的。更何况数学从来不是僵死不变的，就像欧几里得几何基于"平行线公理"而得以拓展，几千年后，数学家黎曼开创的黎曼几何却建立在"平行线可以相交"的基础上。数学精神不只是严谨，更重要的是，知识可以扩展。

> **开个脑洞**
>
> 基因为什么总是自私的？基因能够造出完美的人吗？技术成熟，我们应该将人类正常的进化骤然提速吗？人类的脆弱是缺陷，还是高贵之所在？生命的本质是什么？

科学疯子为什么让人害怕

当今世界，人们追求生而平等，但在漫长的人类文明中，不平等是人类历史与现实的真相。

古代皇帝，尤其是开国皇帝，出生时总被渲染有异象，以此彰显其与众不同。《明史》中说朱元璋出生时，满屋放出红光，邻居还以为他们家着火了。满屋异香加冲天红光几乎成了皇帝出生的标配场景，也是所谓"君权神授"的强烈暗示：这种场景下出生的人，自然大不一样。

人跟人为什么大不一样？有人试图解释：人类起源时，就如此了。东汉古书《风俗通》中有一则"女娲造人"的故事，说女娲先是很细心地把黄土捏成团造人，但工作量太大忙不过来，于是就把绳子投入泥浆中，抽出来一甩，泥浆洒落在地上，就变成了一个个人。所以，富贵的人是女娲亲手捏黄土团造的，贫贱的人是女娲用绳蘸泥浆，把泥浆洒落在地上变成的。包括朱元璋在内的皇帝，自然认为自己是女娲手捏黄土团造的第一人。

但基因是平等的，被神化为在异香中诞生的赵匡胤，基因其实并不强大。宋代皇帝普遍与长寿无缘，他们的死因多为"风疾"，用今天的话来说，就是死于心脑血管疾病。后人研究认为，从太祖太宗兄弟开始，宋朝皇室就携带着心脑血管病的遗传基因，而且以显性方式在后代身上表现了出来，从而疾病代代相传。

封建王朝，无论中外，君王对血统最为看重。宫廷剧中，太监会认真记下皇帝每次宠幸妃子的时间，就是为了日后妃子怀孕时能够精准回溯，确认为龙嗣。更有甚者，"肥水不流外人田"，近亲结婚。

英国演化理论学者理查德·道金斯著有科普读物《自私的基因》一书，他认为，生物的个体和群体只是基因的临时承载体，只有基因才是永恒的，基因既是遗传的基本单位，也是自然选择的基本单位。而且，基因的本质是自私的，它们控制了生物的各种行为，目的就是使基因本身能更多、更快地复制，只要能达到这一目的，基因是无所不为的。

按道金斯的理论，"自私的基因"，哪怕是已经变异的基因也会控制生物的行为，让自己传承下去。譬如，1840年，英国维多利亚女王与表兄阿尔伯特亲王近亲结婚，育有九个孩子，三个儿子是血友病患者，两个公主是血友病基因携带者。当时欧洲皇室盛行通婚，保持皇室血统的"纯洁"，结果英国公主们嫁出去后，血友病开始在欧洲王室中蔓延。

朱元璋倒没遗传给后代什么明显的疾病，但他太宠溺自己的后代了，把最好的资源留给了自己的子孙。凡是皇室子孙，出生就有供银，生老病死全部由国家负责。到明朝灭亡之际，朱氏皇族已经庞大无比，但百年的娇生惯养，使他们早已基因"变异"，失去了朱元璋的骁勇，在起义军与清军的反复绞杀中几乎被屠戮殆尽……自私的基因，历史的悲剧。

古希腊神话中，有个叫阿喀琉斯的悲剧英雄，他的母亲忒提斯是不朽的神，所以也希望自己的孩子不朽。阿喀琉斯出生后，忒提斯捏着他的脚踝将他浸泡在冥河中，使他全身刀枪不入，唯有脚踝被忒提斯的手握着，没有浸到冥河水。他成年后参加特洛伊战争，战无不胜，最终却被箭射中脚跟而死，留下了"阿喀琉斯之踵"的典故，也留下意味深长的问题：基因能够造出完美的人吗？答案是"否"。

人类社会很早就有了优生学，而中国人很早就意识到了近亲结婚的危害，早在《左传·僖公二十三年》就有这样的记载："男女同姓，其生不蕃。"禁止近亲结婚还写进了法律，《唐律疏议》中有："同宗同姓，皆不得为婚，违者，各徒二年。"

优生学很科学，但就怕走极端。比如20世纪30年代纳粹德国时期，纳粹妄图实现对人类遗传的操控，让所谓"种族卫生"成为可能。为了防止基因混合，纳粹政府在颁布的法律中，禁止犹太人与德意志血统的公民结婚。更令人发指的是，纳粹在种族清洗时规定：任何遗传病患者都将接受外科绝育手术……

科学疯子的可怕，在于罔顾人伦、蔑视天道，妄图将人类正常的进化骤然提速。麻省理工学院物理学终身教授迈克斯·泰格马克在其著作《生命3.0》中写道：生命是什么？生命其实就是具有一定复杂性的系统，这个系统会不断复制自我。生命有硬件也有软件，硬件是生命有形的部分，用来收集信息；软件是生命无形的部分，用来处理信息。

他认为，生命的复杂性越高，版本就越高，可以分为生命1.0、生命2.0和生命3.0。生命1.0指的是系统不能重新设计自己的软件和硬件，两者都是由DNA决定的，只有经过很多代的缓慢进化才能带来改变。生命1.0出现在大约40亿年前，这个地球上现存的绝大多数动植物，都处在生命1.0的阶段。生命2.0指的是系统还是不能重新设计自己的硬件，但能够重新设计自己的软件，通过学习获得很多复杂的新技能。生命2.0出现在大约10万年之前，人类就是生命2.0的代表。但是，我们的硬件也就是身体本身，只能由DNA决定，依然要靠一代代进化才能发生缓慢的改变。生命3.0指的是系统能不断升级自己的软件和硬件，不用等待许多代的缓慢进化，但生命3.0尚未出现。

> **开个脑洞**
>
> 1+1=2为什么在全世界都是正确的？数学公理既然不能被证明，为什么却不是错误的？数学是一套虚构的游戏规则吗？如果数学是虚构的，为什么又能描述宇宙？

数学是一种发明，还是一种发现

如果老师问你，7是否为一个素数，答案肯定是"是"。因为根据定义，素数是一个大于1且只能被自身和1整除的整数，2、3、5、7等都是素数，所以7是素数是非常确定的。在过去几千年中，在全世界的任何地方、任何时候、任何数学老师都得承认，"7是素数"这个说法是正确的，而不会给你的回答打叉。然而，很少有其他学科可以像数学这样获得如此令人难以置信的共识。但是，如果你问100位数学家这些数学命题的本质可以用什么来解释，你却可能得到100个不同的答案。

数字7可能真的只是作为一个抽象的数学对象而存在的，而素数的性质是该对象的一个特征。又或者，素数这个概念本身可能是一个数学家精心设计的游戏。换句话说，数学家们能够一致同意一个命题是正确还是错误的，但他们不能就这个命题的本质达成一致意见。

在一定程度上，这些争议是一个简单的哲学问题：数学到底是由人类发现的

如今,基因编辑技术已经很成熟。基因编辑可以人工干预人类进化。通过改变DNA,最终能自主改变硬件吗?按迈克斯·泰格马克的理论,如果真有生命3.0,那还会是人类吗?至此,不禁要思考一个最本原的问题:人,到底是什么?

法国著名哲学家帕斯卡尔的比喻非常形象:"人只不过是一根芦苇,是自然界最脆弱的东西;但是,他却是一根有思想的芦苇。"人是会思考的芦苇,这正是生而为人的脆弱与骄傲。帕斯卡尔说:"人类全部的尊严就在于思想。"人有思想,因此推动了科技发展,但科技仅仅只是人类思想的一小部分。人与科技如何相处,是科技爆炸时代人类思想领域无法回避的焦点。

诺贝尔物理学奖得主埃尔温·薛定谔曾经写过一本跨界的经典著作《生命是什么》,他写道:"一群专家在一个狭窄的领域所取得的孤立的知识,其本身是没有任何价值的,只有当他与其他所有的知识综合起来,并且有助于整个综合知识体系回答'我们是谁'这个问题时,它才真正具有价值。我认为科学是我们致力于回答一个包容了所有其他问题的重大哲学问题,即我们是谁这一整体中的一部分。"这段话很精彩,读懂了,一个科学天才才不会变成科学疯子。

一个虚拟人物和一个真实人物的故事颇值得我们思考。虚拟人物马库斯是好莱坞电影《终结者4:救世主》中的角色。马库斯曾是一个死囚,被人工智能"天网"改造成一个拥有机器骨骼的完美战士,用来对付人类反抗军。在人类与机器人的残酷厮杀中,马库斯因为机器人的身体而被人类误解,但关键时刻,他力挽狂澜,不惜牺牲自我,为人类赢得了决定性的胜利。他虽然被改造,但仍有一颗人类的心脏。

真实人物是霍金,他因罕见的疾病而全身瘫痪,不能言语,人生大部分时间被禁锢在轮椅上。但他拒绝上天的安排,不懈挑战命运,成为我们这个时代最伟大的科学家和思想者之一。他就是帕斯卡尔所言的"会思考的芦苇",极其脆弱,却又极其强大。从"硬件"上来说,他是残缺的,从"软件"上来说,他是完美的。

人可以变得更好，不是靠基因改造，而是后天努力。基于"人"，我们相信未来会更好。（文/关山远）

> 科学可能是我们所知道的最强大的武器，不过这样的武器不会总是掌握在能够正确使用它的人手里，甚至当我们在使用它的时候，我们依然不能判断一些做法到底是正确的，还是错误的。我们只有清醒地意识到这一点，或许才有更美好的前景。因为正如哲人所说，上帝欲使人灭亡，必先使其疯狂。

我们每个人是否都具备某些沉睡中的天赋？通过智商测试真的可以发现明日奇才吗？为什么我们会觉得天才总是有缺陷？天才取决于左脑还是右脑？

打通任督二脉，人人都是天才吗

1979年8月17日，10岁的奥兰多·瑟雷尔的人生在一场棒球赛上发生了巨变。当他奔向本垒时，对手扔出的垒球正巧砸中他的左脑。他倒在地上，躺了数秒钟。"我的脑袋疼了好一阵。"奥兰多回忆道。自此之后，他掌握了"计算日历"的本事。给他任意一个日期，他都能立刻告诉你那天是星期几！更令人吃惊的是，奥兰多发觉，事故之后每天发生的所有事情他都记得……这一切的起因就是他的脑袋那天正好处在垒球的运行轨迹上……

我们每个人是否都具备某些沉睡中的天赋？用上某种比奥兰多的遭遇稍微温和点的方法，我们就能成为天才？

首先需要搞明白什么是天赋。提起这个词，自然就会想到爱因斯坦、达·芬奇、莫扎特，这三位在各自领域中都为世界带来了一场革命。那么，他们有什么共同点吗？大脑的尺寸？神经元的数量？人们对爱因斯坦的大脑研究了数十年，目前

还是一无所获。那么，是因为他们都有高智商（IQ）？

20世纪初的心理学家曾试图通过IQ测试来发现明日奇才。然而，美国心理学家从1920年至1950年对1500名IQ超过140的儿童进行跟踪研究，无一人成年后表现出特殊的创造力，除了美国科幻小说家雷·布莱伯利！

换句话说，凭IQ似乎无法预判谁能够凭借天赋大放异彩。这或许是因为IQ测试只专注某些领域，比如逻辑。无可争议的音乐天才莫扎特可能就过不了IQ测试，因为他在数学方面简直是白痴。事实上，世界上存在各种专精的天才，只要他们某项或多项才能能达到平流层的高度。当然，某些被历史铭记的天才就是名副其实的通才：达·芬奇不仅是杰出的发明家，还是卓越的画家、雕刻家、建筑师、博物学家。此类天才虽出生时就具备某些天赋，但他们能获得如此高的成就，还是有赖于受到的教育以及长期的不懈努力。奥兰多·瑟雷尔被激发的天赋相对有限，他"付出"的不过是让垒球击中脑袋——毕竟，这是个意外产生的天才。

此外，还存在一类天才，他们的才华是天生的。以金·匹克为例，他的经历是电影《雨人》的灵感来源。他能逐字逐句地背诵一生中"囫囵吞枣"看过的12 000本书，而他一般看一页书仅需10秒钟。他能弹奏所有重要的古典音乐作品，但读不懂乐谱。他在心算方面也有惊人之举，能在短短1秒钟内算出一栏电话号码相加的总和。那时他才5岁！

超凡的才华需要付出代价：金·匹克无法自己穿衣或开车。事实上，他在运动和心理方面属于重度残疾。"当才华与缺陷相伴，我们称此为学者综合征。"一位该方面的专家、美国精神病学家解释道。学者综合征在自闭症患者中尤为普遍：大约十分之一的患者具备特殊才华，如在音乐、艺术、机械领域。另一些学者综合征的缺陷较为隐蔽。如果你在路上碰到丹尼尔·谭米特，你不会注意到这位英国作家有何特殊之处。他能心算各种极其复杂的运算，比如3秒钟内算出37的4次方！他能背诵圆周率，直到小数点后22 000多位，能说十几种语言，学冰岛语只用了一周时间。

丹尼尔·谭米特患有轻度的自闭症——阿斯伯格综合征。研究人员认为，一些公认的伟大天才其实也患有阿斯伯格综合征。莫扎特或许就是，还有凡·高，甚至爱因斯坦。

人们拍摄和扫描了某些自闭症患者或者阿斯伯格综合征患者正在工作的大脑，发现左脑的活动弱于平均水平……

左脑，你还记得奥兰多·瑟雷尔和垒球的故事吗？是否只有左脑受伤才会有意外收获？并非如此。外科医生托尼·西科里拉在42岁时被雷劈中，开始钢琴乐曲的创作，而他之前没有接受过任何音乐训练。吉姆·卡若罗14岁时遭遇过车祸，之后突然对几何学感兴趣，还通过了大学级别的考试……在上述例子当中，这些人大脑都遭遇了多处损伤，且并不只限于左半脑。学者们认为，击打大脑有时的确能激发某些才能……如有选择的话，敲击大脑左侧"更好"。

现在，我们需要开启一次小小的人脑之旅。大脑分为左右两半，依靠"胼胝体"连接。左右半脑几乎做着同样的工作，也会协同合作，但它们各有专攻。

"我们的左半脑倾向于诠释这个世界，为我们给出解释。"澳大利亚神经科学专家艾伦·斯奈德解释道。左半脑的一大职责是过滤我们从外界接收到的海量信息，用最快的速度将信息和根据过往经验生成而存储在大脑中的图式一一对应上。

当你看到一棵树，你不会意识到它是由无数个绿点、黄点、蓝点组成的图像，你会立刻认出这是一棵树，因为你的左脑会把"树"这个标签贴在点集合上……在艾伦·斯奈德看来，如能摆脱左脑的滤网，那棵树或许就会变成色点组成的马赛克，就和印象派的画作一样。

乍看去，这会带来诸多不便——这是当然的，你将需要更多时间来认出一棵树。不过，从另一角度来看，摆脱了多年经验形成的滤网，就能用全新的眼光看世界了。天才的点子不就是这样从脑袋里面冒出来的吗？在某些研究者看来，天才的

异禀就是因为右脑的能力得到了释放，而起因可能是左脑无法正常发育或者受损。为了弥补，右脑变得发达。这也解释了为什么有人因为事故而获得了出众的能力。

还有另一种颠覆性的理论：新的能力并非得益于新的连接，它们早就存在于我们的大脑之中，只是就像高速公路某些没有开放的匝道，这些连接还未得到使用。有学者就认为，在奥兰多·瑟雷尔及相似案例者的身上，一场事故解除了左脑的控制，从而打开禁制，创新性的连接得以发挥作用……

这个理论如果正确，那就意味着我们每个人都能成为天才，只要找到某种比敲击头部温和点的方法，减少左脑的控制。很多人在家里自行制作了"大脑助推器"，用来抑制部分大脑的活动，然后声称自己演奏得更棒了，外语学得更快了，游戏打得更好了。这些"三脚猫玩家"令众多医生头痛不已。因为这蕴含风险，如果电极调节不当，极有可能造成烧伤、头痛，甚至更坏的结果。实际上，有人做过类似的实验，这种做法产生的结果十分有限，甚至是严重的误导。

天才不是一蹴而就的。研究表明，在某些情况下，计算能力在电流刺激期间的确能得到显著提高。可一旦电极拔下，他们又变回了先前的水平。但没有接受电流刺激就有更强能力的人则两样，这是因为他们取得的成绩是靠自己的刻苦训练得来的。费尔南德·戈贝特在英国利物浦大学从事认知心理学的研究，他设想：我们可以利用电流刺激按需制造灵感突发的契机，但还是要有足够的能力才能进行，也就是说，本身就得聪明绝顶！（文/黄雅琴）

> 我们都曾听过那些富有传奇色彩的天才的故事。不管最终成就这些人物的到底是什么，我们似乎始终坚信这些人生来就得到了上天的馈赠，从而使他们于平实之中见惊奇。实际上，创造力固然得益于我们的内在潜能，但这些潜能只有经过外在的激发、自我的学习才能发挥作用。因为无论科学还是艺术，都有一套社会化的语言，而这种语言，大自然本身不可能告诉我们。

> **开个脑洞**
>
> 人们为什么总是担心好运气会用完？一系列好事之后，必然会有坏事发生吗？总是"很倒霉"，问题究竟出在哪儿？想要"交好运"，我们应该怎么做？

输在好运上的人，到底哪里有问题

1

历史上第一位伟大的记录者古希腊人希罗多德，在《历史》中为我们讲述了一个倒霉的幸运者的故事。

这个幸运者名叫波律克拉铁斯，是希腊岛屿萨摩斯的统治者。他拥有一支100艘50桨船的舰队，有1000名弓箭手。他在当时希腊的众多城邦中赫赫有名，原因是好运总在眷顾他，让他在很多攻占岛屿的战役中战无不胜。

他的朋友埃及国王阿玛西斯注意到了波律克拉铁斯的好运。阿玛西斯为之感到不安。因此，他写了封信给波律克拉铁斯，信中说："听说我的一个朋友和盟邦欣欣向荣，我很高兴；但是你的超乎寻常的繁荣，并不能使我感到高兴。因为我深知诸神是多么爱嫉妒。我希望，我自己以及我的朋友们，既有获得成功的时候，也有遭遇挫折的时候。这样，我情愿他度过一个成败荣辱相互交错的生涯，而不愿让他度过一个好运陪伴终生的生涯。迄今为止，我听说，还从来没有人一生是万事顺遂的，他最后总是要遇到灾难，结果是一败涂地。"

他给波律克拉铁斯的建议是："想一想，你认为你的财宝中哪一样是最珍贵的，什么东西是你最舍不得丢弃的。不管它是什么，都要把它抛弃，要确保它将永远从人们的视线中消失。如果在这之后，你的成功仍然不和挫折交相出现的话，那么为使自己免遭伤害，就按照我劝告你的办法再试一次吧。"

波律克拉铁斯认真考虑了埃及国王的建议，认为有道理。于是，他遵从阿玛西斯的话，找出自己最心爱的一样东西：他总是戴在手上的一枚镶嵌着绿宝石的黄金指环。他搭上自己舰船中的一艘，跟着船员们出海，航行很远之后，摘下指环，抛到大海深处。

但是好运不肯放过波律克拉铁斯。6天之后，萨摩斯岛的一名渔夫在海上捕捉到一条又大又好看的鱼。因为这条鱼实在太特别了，他决定将这条鱼赠送给自己的统治者波律克拉铁斯。波律克拉铁斯非常高兴，还要请渔夫共进晚餐，享用这条又大又好看的鱼。结果，在鱼腹中，仆人们发现了波律克拉铁斯丢弃的那枚黄金指环。

波律克拉铁斯写了一封信，告诉埃及国王阿玛西斯事情的经过，将之归结为神的旨意。阿玛西斯读了信之后，得出结论："像波律克拉铁斯这样的人，必定是要遭遇悲惨下场的。因为他事事顺遂，甚至连自己抛弃的东西都找得回来。"阿玛西斯派遣使者，到萨摩斯解除了同波律克拉铁斯的友好条约。他这么做的理由是，一旦巨大的不幸降临到波律克拉铁斯的身上，他由于不再是其盟友，就不会感到痛心。

波律克拉铁斯是一位雄才大略的国王。希罗多德说，他是全人类中第一个力图建立海上霸权的人，他的构想，此前还没有一个希腊人曾经想过。

有一个名叫奥罗伊特斯的波斯人，被波斯帝王居鲁士指定为萨迪斯的总督。萨迪斯紧邻波律克拉铁斯统治着的萨摩斯岛。另外一个波斯总督同奥罗伊特斯发生争吵时,曾经指责他说:"你简直枉为一个男子汉大丈夫,萨摩斯岛和你的辖区近在咫尺,既然是那么容易被征服的一个海岛,你什么时候才能把它置于国王的统治下呢?"

奥罗伊特斯因此萌生了诛杀波律克拉铁斯的念头。他筹划了一个计谋。奥罗伊特斯利用波律克拉铁斯想要统治海洋的梦想,写信给他说:"我听说你有干一番大事业的想法,但是你没有足够的金钱来实现你的目标。"接下来的话就是骗子对想要发财的人的常用伎俩。奥罗伊特斯称自己有大量的财富,同时自己又身陷困境,因为波斯国王想要杀害他。他求助于波律克拉铁斯,如果波律克拉铁斯可以帮他逃脱,就可以和他一起分享巨额财富。他甚至说,如果波律克拉铁斯不相信他有那么多钱,可以派人来看一看。

奥罗伊特斯准备了8个箱子,在里面装满石头,在石头表面铺上了一层黄金。就这样,他骗过了波律克拉铁斯的使者——这个国王真的派人去看奥多伊特斯是不是有那么多钱!波律克拉铁斯就这样上钩了。在去之前,波律克拉铁斯的女儿苦苦劝阻。因为她做了一个梦,梦里,她的父亲被高高悬挂在空中,宙斯在洗他的身体,太阳给他涂油膏。

但贪婪和统治海洋的欲望让波律克拉铁斯听不进去任何劝告,他还是带着随从出发了。结果,他一到奥罗伊特斯指定的地方,就被谋杀了。希罗多德说:"奥罗伊特斯杀害波律克拉铁斯的方式和细节,是不适合在这里讲述的。"他感慨的是,"他的这个结局与他本人的地位以及远大抱负是不相称的"。

他女儿的梦应验了。波律克拉铁斯被悬挂在十字架上,在下雨的时候,相当于是宙斯在为他洗浴;在他身上渗出油脂的时候,相当于是太阳在给他涂油膏。埃及国王阿玛西斯的预言也变成了现实。"随着时间的推移,好运不断的波律克拉铁斯的下场就是如此"。

这个故事的寓意在希罗多德的笔下曾反复出现:没有永恒不变的幸运,越大的繁荣也必然伴随更大的衰败,人应该在幸运面前保持永远的谦逊。(文/李 翔)

希罗多德笔下反复出现的主题之一，是机运的不定与人类的脆弱。人们为什么总是担心好运气会用完？这其实是人们对于一些简单的"回归现象"的错误理解，认为一件好的事件之后，必然会跟随一些不那么好的事，而不管其中是否存在随机因素。事实上，好运气的连续出现不会提高坏运气的出现概率，反之亦然。一个人屡屡受挫，只能说明他实力欠佳，他却不会因此就有更佳的表现，除非他不断学习和进步。不过，人们总是愿意相信好运气会用完，坏运气也会很快到达尽头。不管怎样，这都在提醒我们，身处顺境的时候不要大意，逆境中也不必气馁。

> 开个脑洞
>
> 走运的你与不走运的你，未来会在同一条路上会合吗？人生究竟有没有"走运"这件事？为什么幸运的人总是很幸运？一时不幸，如何才能逆转人生？

走运的你与不走运的你，最后谁会赢

1

A中学是市里最好的中学之一，毕业的学生大都出类拔萃。假设一位同学差两分没能被这所中学录取，我们可能会想问一个问题，如果那一年考试时某个选择题他没有选错误答案D，而是选了正确答案C；或者改作文的老师心情好那么一点点，那么他的人生会不会完全不同？

这样的节点也许就是所谓的人生转折点吧。我们可以想象一下平行世界的概念，那么，在平行世界那一端的那个幸运的他，人生会有怎样的不同？

这个看似永远无法解答的谜，经济学家却出人意料地给出了答案。

经济学家把一些重要事件产生的分叉，用一个专业名词来命名——"断点回归"。即任何时候都有一个精确的数字（一个断点）把人们分成两个不同的群体，经济学家可以对极为接近截止点的人的人生结果，进行比较或回归分析。

纽约史岱文森中学是一所让人梦寐以求的中学，这所学校的学生大多能考上

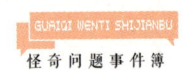

全美排名前二十的名牌大学,然而,要进入这所中学并非易事,因为只有5%的考生能考上这所中学。

一个叫耶尔马兹的少年和前面我们提到的那位同学一样,遗憾地差了两分没能被这所中学录取。耶尔马兹当然永远没有办法回到少年时代的那次考试拿回那两分,然后比较一下两者的人生有何不同。我们想当然的办法是比较上了史岱文森中学的学生和没上史岱文森中学的学生的人生差异。

显而易见,从史岱文森毕业的学生更多地考上了名牌大学,因为能进入这所中学的学生,都是当年经过激烈竞争的优胜者,他们在总体素质上比其他学校的学生更好,是顺理成章的事,因此这并不能真正说明问题。

更精确的比较是什么呢?经济学家需要找到两个几乎完全相同的小组,这个时候,"断点回归"派上了用场。

2

麻省理工学院和杜克大学的经济学家组成了一个团队,他们比较了"断点",也就是史岱文森中学录取截止点分数上下的学生的最后结果。这些经济学家研究了数百位像耶尔马兹一样因一两道题而错过史岱文森中学的学生,然后将他们和数百名考试成绩稍好,因为多对了一两道题考上史岱文森中学的学生进行比较。他们评判成败的标准是这些学生的大学预修课程分数、学术能力评估测试分数和最终进入大学的排名。

研究的结果让人吃惊,几位经济学家发现,分数线两边的学生最后的大学预修课程分数和学术能力评估测试分数都难分高下,所就读的大学也都是排名相当的名牌大学。

这几位经济学家评价道:史岱文森中学不会使你在大学预修课程考试中表现得更好,也不能让你最终考上更好的大学。竞争激烈的入学考试席位的价值似乎并未体现出来,入选的精英学子在这里学业进步的程度并不足以证实学校的优势。

再看另一个例子。哈佛大学毕业生进入职场十年后的年薪平均达12.3万美元,宾夕法尼亚大学的毕业生十年后的年薪平均达8.78万美元。尽管两所都是很好的学校，显然上哈佛似乎更能让人走上成功，因为哈佛大学总体生源质量比宾夕法尼亚大学要好。

经济学家用同样的方法来研究精英大学与毕业生未来收入潜力之间的关系。他们发现，当两组背景相似的学生都被哈佛大学录取，然而，其中的一组最终选择了宾夕法尼亚大学时（不少欧美学生会同时拿到多所学校录取通知书），其结果和史岱文森高中的研究惊人相似，两组学生的职业收入难分伯仲。如果以未来的收入作为衡量标准，他们也大致相近。

上述研究表明，如果真有平行世界，在某个重要节点走运的你（比如幸运多了一两分考上心仪的学校），并不意味着从此会比那个不走运的你更成功。只要你不气馁，不怨天尤人，两者的差别其实最终是微不足道的。一时的幸运对人生其实没有特别大的影响。（文/岑　嵘）

> 正如从地球之外回望地球，它会显得非常渺小一样，当我们站在人生的前端去看一个人走过的路，会发现一个人的失败或成功，绝不是某次幸运或不幸完全造成的。所以，不必因为一次偶然的失败而耿耿于怀，也没必要因为一次偶然的成功而睥睨众生。卓越终究是综合实力的体现。著名学者彼得·德鲁克说："怎样才能算是一名成熟的企业家？很简单，只需看一件事，就是你有没有拒绝戏剧性。"一个人之所以成功，一定不是心血来潮，也一定不是来自某一时刻的灵感迸发或小幸运，而必须始终保持对工作的热情、对世界的好奇心，以及对自我知识体系的更新和管理。成功是一场长期的战争，需要长期稳定的进步。

进化为什么没有消灭愚蠢这件事？那些"倒霉"的人，缘何总是自信心爆棚？"功能性愚蠢"是怎么一回事？什么样的蠢事最后可以成为创举？

既然很糟，人类为什么还会做蠢事

几年前，加利福尼亚州一个名为赖瑞·华特斯的男子在花园椅上绑了42个氦气球，然后坐在上面，剪断了椅子连接地面的绳子，飞上了天空……他在飞行前准备了三明治、啤酒和一把气步枪——这位勇敢的飞行家打算用它射爆氦气球来降落。但不幸的是，绑了42个氦气球的花园椅坠落了。洛杉矶国际机场附近的飞行员发现一个人坐在一把椅子上，在高度约4000米的上空颠簸着，立即通知了警方。赖瑞在降落时被高压电线缠住，最后安全着陆。

好消息是赖瑞没有受伤，坏消息是他被捕了。但赖瑞认为自己的冒险合情合理，甚至是非常必要的。被问到为什么这么做时，他答道："一个人不能无所事事！必须要做些什么，来证明自己的想法是对的。"

有这样坚定信念的不止赖瑞一个人，但那些任意乱为的人可不都像赖瑞这么幸运。一位不到30岁的卡车司机摘得了"达尔文奖"桂冠。该奖项每年颁发给那

些以非常荒谬的方式伤害了自己的人,当然幸存者才是最后的赢家。这位司机试图证明自己发明的"间谍圆珠笔"实际上是一把手枪,他用圆珠笔顶住自己的头,按动了按钮。事实证明他是对的,这支圆珠笔手枪的确没让他失望,但这位粗心的发明家无意中射杀了自己。

这些事难道不令人感到惊讶吗?人类进化了数万年,却仍会做这些愚蠢的事。为什么人类一直"放纵"自己,且到目前为止人类的这种"缺陷"还没有被进化掉?或许,是人类自己固执地抓着这种可能隐藏在基因中的特质不愿放手。

人类做愚蠢的事很显然是根深蒂固的,但愚蠢也给人类带来了好处。我们在责备一个人做了"傻事"时,很可能只是我们目光短浅,没有考虑到长远影响。长期以来我们都忽视了人类心理能力的下限,而将注意力主要集中于人类的心理上限——专注于研究高智商产生的原因及其影响。

2

1976年,意大利经济史学者卡罗·奇波拉制定了五条"人类愚蠢的基本法则"。第一条是"人总是不可避免地低估了身边愚蠢的人的数量"。第五条是"傻瓜比强盗更危险"。

近些年来,科学家进行了更多关于愚蠢的研究。匈牙利罗兰大学的心理学家巴拉斯·艾赛尔对"愚蠢"这个词进行了解释。他做了一个试验,让受试者评价180个人的滑稽行为的愚蠢度。试验结果表明,人有时很难定义愚蠢,但无论哪种程度的愚蠢都能立刻被辨识出来。

艾赛尔通过分析研究,将愚蠢大体分为三类。第一类是行为由经典性的错误造成的。也就是说,行为人要么是因为疏忽大意,要么是由于某种原因意识暂时"断片儿"。例如,几年前,"达尔文奖"的获得者是一个仔细测量了蹦极绳索长度的人,但他忘记了绳子是有弹性的,最终摔死在地面上。

其他研究者还发现,符合"第一类愚蠢"的人往往倾向于"缩简推理":喜欢跳过认真思考的阶段,让外界因素影响自己,以致得出错误见解,从而导致最终的非理性行为。例如，如果我们告诉医生，一种药已使600位病患中的200人获救，医生通常会认为它是一种很好的药；但如果我们告诉医生，600位病患中有400人因这种药死亡，医生通常会果断反对这种新药上市。

艾赛尔总结的第二类愚蠢，是一个人无意为之，却导致了无法控制的后果。比如一名叫亚伯拉罕·莫斯利的64岁佛罗里达州居民，他大约患有"精神短路"，且对吸烟有着不可抑制的欲望。在喉部手术刚刚结束后，他就点燃了一支烟。他万万没有想到，这是他抽的最后一支烟：烟点燃了脖子上的绷带，火焰顺着他的睡衣蔓延。手术后莫斯利的声带还没恢复，因此他根本无法呼救。

艾赛尔总结的第三类愚蠢被评价为"不能容忍的愚蠢"。例如，盗贼想要偷手机，却误盗了商店里内置导航器的手机，而且他没有禁用这些设备，警察立刻顺利地发现了他的踪迹。艾赛尔将这种情况称为"无知者的自信"。这里不得不提银行抢劫犯麦克阿瑟·惠勒。

20世纪90年代的一天，惠勒在美国匹兹堡州抢劫了两家银行。40多岁的惠勒身材矮胖，体重将近250千克。他的身材足以让人一眼就认出他，然而他在抢劫银行时不仅没有努力掩饰自己的身形，甚至连脸都没遮盖，更重要的是，他还对着监控摄像机微笑。当然，他当晚就被捕了。惠勒辩驳道："我在脸上涂抹了果汁啊！"原来，惠勒认为监控相机拍不清楚自己的脸，因为他在脸上涂了青柠汁。

他这个想法是基于青柠汁可以用作隐形墨水的事实。惠勒对此坚信不疑，因为他做过测试：将青柠汁涂在脸上拍了快照，照片中确实看不到他的脸。但事实上，惠勒在测试时因青柠刺痛了双眼，没看清照相机的镜头，他并不知道自己根本就没在镜头里。

著名心理学家大卫·邓宁在询问了麦克阿瑟·惠勒这个笨拙的抢劫犯后，提出一个问题：愚笨的麦克阿瑟·惠勒认为自己抢银行的成功率有多高？

邓宁和他的研究生贾斯汀·克鲁格决定对这个问题进行验证。他们让受试者做一些逻辑和语法题，并对自己的能力进行评估。一些考试失败的人比那些表现好的人更高估了自己的能力。相反，在表现最好的人中，有一些人却低估了自己的能力。克鲁格得出结论：人越无知，就越自信。

"邓宁–克鲁格结论"已得到许多项科学研究的证实。人们会经常毫无根据地高估自己的能力。麦克阿瑟·惠勒的这种愚蠢可能出现在每个人身上。"所有人都具有'无知者的自信'。"邓宁说。事实上，几乎每个人都认为，自己会比周围人活得更久，或自己的车技比别人更好：据调查，超过90%的司机认为自己的驾驶技能高于平均水平。

忽略自己的缺点，将自己理想化，可以省去许多不必要的忧虑，让我们生活得更快乐。此外，低估自己，承认自己平凡无奇甚至碌碌无为，也可能对我们事业有帮助。自信有助于克服挑战，绝对自信是几乎所有企业家的特征。但最终，他们中的许多人都破产了。而有些没有这种自信的人，也能取得巨大的成功和财富。

头脑略显愚笨的员工往往在应聘时不被公司看好。但研究结果令人惊讶：员工的无知对企业有很大帮助。"起初，我们认为最成功的事业是由最聪明的员工创造的，但事实并非如此。"伦敦卡斯商学院的安德烈·斯派瑟和隆德大学的马尔斯·埃尔维森在他们的研究报告中写道，"例如，投资银行、公关机构和咨询公司喜欢聘用具有高智商和出众才干的员工，但这些人一旦开始工作，就突然停止了所有批判性的思维——即他们与其他人区别开来的品质。因为他们必须适应一种特定的企业文化。虽然这些人才开始变得'愚笨'，但对公司来说，这有巨大的好处。"这就是斯派瑟和埃尔维森提出的"功能性愚蠢"概念：当员工不再坚持批判项目时，工作将变得更高效。因此，许多管理者非常重视员工的"功能性愚蠢"，并根据需要提升他们的这种能力。

奥地利作家罗伯特·穆齐尔说："如果愚蠢没为人类进步提供任何帮助，就不会再有人做愚蠢的事了，我们要相信进化论，它给人类留下的每样特性都'别有

用心'。"

1879年，在约翰·霍普金斯大学实验室研究焦油衍生品的德国化学家康斯坦丁·福尔伯格，有一天工作后忘记了洗手——对化学家来说这是不可原谅的低级失误。吃晚饭的时候，福尔伯格发现面包很甜。原来，甜味来自他手上残留的化学物质，糖精应运而生。

这让人想起美国人丹尼尔·凯萨基，他利用"回声定位法"来确定物体的位置——通过弹舌头发出响亮的"嗒嗒"声，辨别声音撞上前方物体后返回的"回声"，然后在大脑中建立一幅虚拟的景物画面，以此感知周围环境。乍听上去，凯萨基应该也是一位"达尔文奖"候选者，但事实上这的确是个很好的方法，现如今有几十个国家的盲人在使用这种"回声定位法"。

盲目自信可以助人实现目标，这些目标可能在通常情况下是无法达到的。大卫·邓宁说，从这一点来看，有时候我们可以将这些愚蠢的人称为"智慧的傻瓜"。总会有愚蠢的人大胆地踏上未知的领域。

2014年，《英国医学》杂志分析了"达尔文奖"前20年的数据发现，近90%的获奖者是男性，其中的蠢事各种各样。例如，反对佩戴头盔的摩托车手因未佩戴头盔从摩托车上摔下来死掉；3个在酒吧喝酒的醉汉自娱自乐地踩踏一个地雷，导致地雷引爆，炸毁了整座酒吧，3名恶作剧者也把自己送到了另一个世界。

《英国医学》杂志的工作人员进行的这项统计像是一场玩笑，但研究结果应引起重视：通常年轻男性倾向于鲁莽行动。他们这样做的原因大多是为了证明自己或牟利。所以，可爱的年轻男士们，你们可以展示自己的勇气，但同时不要忘记要赢得对手——女性的尊重。

一个世纪前，很少有人相信人类可以进入太空。然而早在1928年，来自巴尔的摩的一个木匠、一个石匠和一个数学家决定造一艘火箭发射到金星。历时8个多月，他们用金属轴建造了一个7米高的构架，并在上面铺了帆布和油布。该项目当时花费了约5000美元（约合如今的7.2万美元）。三人直接将"火箭"放置在一个住宅区的人行道上。一人担任飞行员，其余两人爬进火箭里。他们只携带了几只口

袋灯笼和一个急救箱。引擎发动,火箭没有顺利升空,而是燃烧了起来,整个街道都被浓浓的黑烟笼罩,警方不得不封锁交通。

几个月后,在距离巴尔的摩东北部几百千米处,这位数学家又往月球上发射了太空舱。然而,它仅仅飞行了几百米。当地报纸嘲讽道:"这个要到达月球的火箭,只差约38.44万千米。"但这位火箭制造者没有放弃,他的名字叫罗伯特·戈达德,后来被认为是现代火箭技术之父。(文/[美]乌特·埃伯利)

著名哲学家维特根斯坦曾说:"如果人类不时常做一些蠢事,恐怕就不会有智慧的事出现。"愚蠢的行为和想法有时固然可笑,甚至会伤害到我们自己,但它确实促进了科学发现和创新。也许人类很难不做蠢事,这或许是由人类基因决定的。那么,在快节奏的当下,何不在学习时下点儿"笨功夫"——比如花更多时间阅读,花更多时间做好一件事。

开个脑洞

改变历史的人是不是冥冥之中天注定？惊人的巧合背后，谁在起作用？失败者为什么要努力，成功者为何需感恩？

侥幸的成功者，背后谁在帮他们

我们喜欢为将来的事做规划，明天干什么，这个月干什么，今年干什么……我们喜欢秩序井然，这样才能心理安稳。但人生就像驶入未知海域的船，世界的"大海"暗流纵横，总是使船离开预先划定的航线。人类历史也好，个人经历也好，有前因，未必牵出预想的后果，初衷和结果南辕北辙一点儿都不奇怪。但是这似乎倒也没什么不好，最初的希望和最后的结果，哪个更令自己满意更值得回味和纪念，有时真的很难说。

有一种治疗水肿的植物叫洋地黄，它有美丽的花朵。最初被引进现代医学是因为它的美丽吸引了一个女画家，因而也吸引了爱上女画家的年轻人。英国人威廉·威瑟林曾经在爱丁堡大学学医，读书时他对植物学毫无兴趣。在1775年做了医生的威廉迷恋上女画家海伦。海伦爱画花，威廉想讨好她，就到森林里帮她采花。森林里的花朵激发了他的想象，爱情的甜蜜把他曾经那么痛恨的植物学变得浪漫又美丽。

后来，威廉虽然对海伦的爱情消失了，但对植物学的兴趣却保留下来。有人告诉他，什罗普郡的伯爵领地里有个老妇人能用草药治疗水肿，威廉打听到她所用的20多种草药中有洋地黄，立刻想到曾熟读的药书上有关于洋地黄治水肿的记载。他用十年时间研究洋地黄，发表了《关于洋地黄及其医学运用的报告》，把森林中的野花从民间偏方变成经科学检验、人类至今常用的药物。前因短暂，而后果永久。也许正输液的水肿病人知道了这个故事后，会感到输液瓶中那亮晶晶的液体有些与往日不同的温馨吧。

生物学家卡莱尔·斯拉马受同行邀请到哈佛大学开展课题研究，像往常一样他开始饲养红蝽，但不管怎么努力，这些小动物就是长不大。他从家乡带来的1215条红蝽，结果只有一条长大了，其余始终是幼虫。罪魁祸首很久以后才被抓到——竟然是滤纸！他是用滤纸给幼虫们盛食的。他到美国后更换了滤纸的品牌，不再用英国的沃特曼纸，而改用美国的纤维素纸巾，这些纸巾是用香脂冷杉制造的，能产生一种抑制红蝽幼虫生长的激素（或者可以说是天然杀虫剂）。他是来研究红蝽的，结果却发现了抑制昆虫生长的激素！前因是失败，而后果转化为成功。

2

我们都知道麦哲伦航海，历时三年之久，遭遇风险无数，连麦哲伦船长本人也在其间遇难，当初吸引航海家们出海的东西却是调味香料，特别是肉豆蔻。这种肉豆蔻芳香四溢，果实和花能做烹调香肠、汤和蔬菜的佐料，还能做饼干、蛋糕和酒的香味添加剂。在1824年的英国，一斤肉豆蔻花的价钱可以买3只羊，只有贵族和富人才享用得起。当时威尼斯和热那亚的商人因为倒卖肉豆蔻赚了大钱，但他们也不知道它在哪儿出产——把它贩运来的阿拉伯商人们对此守口如瓶。想发财的冒险家把阿拉伯沙漠都搜索遍了，却一无所获。最后发现，要想找到这东西的产地，大概得到海的那边去。

13世纪末，威尼斯人马可·波罗游历东方归来，曾向人讲述他二十年漫游的经历，提到"印度后面的一个岛"盛产香料，那正是现在印度尼西亚的班达岛。他的话启发了葡萄牙、西班牙的航海家，他们为此扬帆远航。西班牙航海者到达班达岛时，船长遇难不说，三艘船也只剩两艘，后来因为香料装得太多又沉了一艘，最后一艘船一直向西行驶，又回到西班牙的经历，却终于首次证明了地球是圆的。一种调味香料与"地球是圆的"地理学重大发现，本来也不具备因果关系，却就此永远联系在了一起。前因不过是口腹之欲、金钱诱惑，后果却名垂史册、彪炳千秋！

1760年至1840年间，南美洲传入的土豆高产又好伺候，使爱尔兰出现了人口爆炸，人口数量从150万激增到900万。1845～1846年，褐腐病真菌导致土豆产量锐减，大约有150万人踏上逃荒之路，掀起移民潮。美国人同情他们，便修改放宽了移民政策，移民的后果是这个年轻国家的人口结构从此改变。之前的美国人多来自英国，信奉新教，而爱尔兰人信奉天主教，由此美国开始允许其他民族的成员和其他宗教的信徒移民。

所以，有学者找到这样一条因果链：美国移民政策的宽松，"也许就是因为在这之前他们接纳了爱尔兰人，要是没有爱尔兰的饥荒，也许所有这些人都去不了美国。如果是这样的话，那么美国今天能成为一个多元文化的国家，土豆功不可没"。瞧，有人把美国的多民族多元文化的现状归因于土豆，或者，也不妨说应该归因于褐腐病真菌。前因是家破人亡、流离失所的不幸，后果却创造了一个生机勃勃的多元文化大国。

所有这些本来八竿子打不着的事儿出人意料地发生了密切关联，的确有其偶然性，但如果从事物本身具有的性质看，哪一件也不偶然——或者说，治水肿的洋地黄被人类使用，植物天然杀虫剂被发现，人类明白地球是圆的，一国放宽移民政策成为多元文化的国家……没有那些偶然的起因，或迟或早也都会被发现或发生，反倒是因为我们先前没有想到世界上能有这样一种东西、一件事、一种情况，才会

觉得巧，觉得偶然。

所以，预想的航线被修改，不但未必是倒霉的、沮丧的，甚至可以想象为幸运的。因为这有可能是偶然的暗流帮助你，把你冲到一个隐藏着别人暂时都不知道的秘密的角落，单独向你打开一个小小的或大大的宝匣。（文/唐　韧）

> 虽然大多数事情并不是完全的随机事件，却都有一定的随机因素。对智者来说，为随机因素——极小概率事件的出现花费时间和关注度，是不值得的。这次失败了，继续努力即可，只要输少赢多，一切都还算圆满。所以，失败者不必妄自菲薄，而成功者更要明白，成功是有侥幸因素的，未来仍需努力。

为什么专家常常让人觉得不靠谱？到底是他们的问题，还是我们的问题？专家为什么也会在自己的领域犯错？极小概率事件应该如何去对待？

专家还是我们，究竟谁更不靠谱

2008年金融危机时，美国有个麦道夫的"庞氏骗局"被揭穿。诈骗手段其实很老套——募集新投资者的钱来偿还老投资者。涉案金额巨大，而且受骗者都是各界名人，其中居然有一位专家中的专家——美联储前主席、大名鼎鼎的格林斯潘。

专家也会在自己熟悉的领域犯错，这一点大家都能理解。但网络时代，专家的名声真的是江河日下，远远超过了"名人效应"所能解释的范畴。为什么这些"专家"常常让人觉得很不靠谱呢？到底是专家的问题，还是普通人自己的问题？

有一次在网上看到视频，某地因液化气泄漏造成火灾，奇怪的是，消防队的高压水龙头虽然开着，却全部浇在大火周围，根本不像是在灭火。于是下面就有网友大骂消防队不专业，水龙头都浇不准。其实这才是专业的方法。气体泄漏造成的火灾在没有找到泄漏点前，必须要留着火头，把气体消耗光，把水浇在起火点周围是为了降温，防止爆炸。

网络时代的一个特点是有大量现场的照片和视频。信息透明看起来是好事，但问题是，普通人在生活中大多靠直觉判断。靠直觉判断的好处是，速度快，消耗大脑资源比较少，用来对付日常工作和生活中的琐事绰绰有余；可一旦进入专业领域，事情跟我们想象的不一样，跟影视剧里不一样，就很容易出现"直觉性偏差"。

专家在自己的领域内，用的是基于逻辑的科学分析，绕过了普通人的直觉判断盲区，反而让普通人误认为"专家不靠谱"。

比如有一个统计，生活条件越好的地方，癌症患者的比例反而越高。这个数据难免让普通人觉得是在胡说八道，但在专家看来很好理解：与癌症最相关的因素不是生活质量，而是年龄。超过50岁，得病率直线上升，而生活条件好的地方必然人均寿命长。

在专业领域内产生错觉的另一个原因是，很多专业领域内的数字是有欺骗性的，偏偏大部分普通人都不擅长数学，或者懒得去算一下。

很多人去做一种叫"低剂量螺旋CT"的早期肺癌筛查，因为这种检测的特异性和灵敏度都是99%。也就是说，有病的人99%会被查出来，而没病的人99%也会被排除。听起来很不错吧？可是，就算这个数据是真的，普通人也没必要做，除非是像几十年的"老烟枪"这种高风险人群。

让我们一起做个简单的算术题：假设10万个人做测试，有多少人会被查出有问题？第一部分，有病，且查出有病的人数：假设肺癌得病率为千分之一，那么10万人中有100人生病，99%的被查出，就是查出99个人。第二部分，没病，但查出有病的人数：剩下的99 900个实际上没病的人，因为1%的误诊，就是999个人被误诊癌症。最后，求出误诊率：被检出999+99=1098个有问题的人中，其实有999个人是误诊，被误诊的概率高达91%。

而实际上，很多医生都认为这个筛查的特异性和灵敏度只有90%，那么误诊率就高达98.3%！再考虑到这种检查的高辐射对人体的影响，非高风险人群做这样的检测是得不偿失的。

2

不过，在上面的案例中，你可能会想，没有癌症却被诊断出癌症还好啦，重点是——有癌症的人，99%都能被诊断出来。这正是专家和普通人看法有分歧的第二个原因。专家站在第三者的角度分析，忽视了人性的弱点，反而给人一种"站着说话不腰疼"的感觉，而普通人如果涉及切身利益，感受就完全不同。

假如你午饭时去吃20元的套餐，一个同事告诉你，他有一张满40元减20元的优惠券，20元刚好可以买两份，但他有一个条件——他只想付1元钱！从理性的角度分析，你应该接受，相当于你付了19元，还是赚了。但事实上，你十有八九会断然拒绝——凭什么啊，我就算多付1元钱，也不愿接受如此不公平的分配方式。

现实中，典型的例子是"该不该判人贩子死刑"的网络大讨论。

专家的想法很有逻辑：第一，如果贩卖儿童就被判死刑，那么人贩子就会倾向于在逃避追捕中，置儿童的性命于不顾，反正都是一死；第二，大量司法实践证明，加大刑罚力度并不会降低犯罪率。这个逻辑大部分人其实都能理解，可就是感情上无法接受。

如果说上面的例子中，普通人反对专家，仅仅是为了寻求一种情感宣泄，那么在下面的例子里，普通人往往明知自己不理性，也要坚持。

还是以医生为例。假如某种重症有两种治疗方案：A方案成功率是50%，另外50%没有任何变化；B方案成功率高达90%，但有5%当场死亡的风险。作为医生，站在第三者的立场上，肯定觉得B方案更好，手术当然少不了风险。但患者就不一定了，5%的死亡风险，对绝大部分人而言，还是太高了。

这就是行为经济学上说的，"大部分人都是风险厌恶者"。为了避免死亡、破产一类的"绝对风险"，宁可放弃"风险收益比"更好的方案。所以，作为专业人士的医生，不仅要懂医学，更要懂人心。美国医学院入学考试从2012年开始，加入了大量人文内容；哥伦比亚大学医学院甚至把"小说阅读与讨论"作为必修课，就是希望未来的医生们不但能做诊断，还能与病人沟通，让病人理解自己的病情，做出更好的决定。

前面说的例子都是普通人的问题，要么不科学，要么不理性，好像专家永远不会犯错。当然并非如此，专家最熟悉的专业领域，正是他们的盲区所在。

美国有个议员，上班途中因超速被警察拦下，结果被关进了精神病院，费了老大的劲才被弄出来。媒体报道之后，舆论哗然，纷纷指责警察滥用职权。但实际上，这件事没那么简单。这个议员是女性，又是一个非裔，非裔女议员在当时是很少见的。最要命的是此人为了证明自己的确有急事，说自己马上要跟总统会面（实情如此）。

设身处地地想一想，如果你是一个拦截超速驾驶的警察，从车上下来一名非裔女性自称是议员，并且情绪激动地说自己马上要见总统，你会不会怀疑她有精神病？

专业人士也会被直觉误导，因为他们有一套处理突发事件的程序。一些被认为基本不会发生的极小概率事件，常常会被解释成其他出现概率更高的原因，专家的自信又让他们比普通人更容易在这里犯错。实际上，"极小概率事件"并不能仅仅用数学去判断，它本身具有不确定性，忽视它们，往往会导致严重后果。

专家们忽视"极小概率事件"还有一个原因：如果考虑这些因素，做事情的成本可能会高得惊人。福岛核反应堆就是一个惨痛的例子。过去几十年间，福岛最大的地震是8.0级，所以日本人就按8.5级的防震标准来建造核反应堆。事实上，福岛很可能发生过9.0级地震，而这个信息被专业人士"当成极小概率事件"无视了，最终造成巨大的灾难。

无论是普通人，还是专家，思维上都有自己的盲区。普通人的盲区是"过于依赖自己的直觉"，专家的盲区是"过于相信自己的理性和经验"。这两种思维盲区的产生，又有一个共同的特点：这两类人都过于在乎现在就得到一个答案——因为专家如果没有这个答案，他们很可能什么事都做不了；普通人如果不立刻得出答案,日常决策成本就可能高得惊人。这就导致我们把全部注意力集中在那些最有可能发生的结果上,从而忽略了其他的可能。(文/佚 名)

> 普通人过于希望找到一个准确率很高的癌症早期筛查方法,忽略了数字本身的意义;福岛的核专家太希望证明这里可以建核电站,忽略了小概率事件的不确定性……上学时,我们都有做选择题的经验:不能因为一个选项看起来是正确的,就不看其他选项。这个经验在日常生活和工作的决策中同样重要。

> 开个脑洞
>
> 男生女生最后在一起,什么来决定?现代爱情里,门当户对对不对?喜欢一个人需要理由吗?美好的爱情是否注定不属于多数人?

为什么有些小伙伴总能交上桃花运

麻省理工学院著名经济学家丹·艾瑞里在自己的著作里提到过一个实验。其结果很有趣,也在我们的生活中尤为常见。

实验人员找来100个正值青春年华的大学生,男女各半,然后制作了100张卡片,卡片上写了从1到100的数字。

实验规则:

1.男女共100人,男的编号为单数,女的为双数;2.编号为1~100,但他们不知道数字最大的是100,最小的是1;3.编号贴在背后,自己只能看见别人的编号;4.大家可以说任何话,但不能把对方的编号告诉对方;5.实验要求:大家去找一个异性配对,两人加起来的数字越大,得到的奖金越高。奖金归他们所有;6.配对时间有限。

奖金金额为编号总和的10倍。比如,83号男生找到了74号女生配对,那么两人可以获得（83+74）×10=1570美元的奖金。但如果2号女生找到了3号男生配对，那么两人就只能拿到50美元了。

实验开始，由于大家都不知道自己背后的数字，因此首先就要观察别人。很快，分数高的男生和女生被大家找出来了。例如，99号男生和100号女生。这两人身边围了一大群人，大家都想说服他们和自己配成一对。但一夫一妻制决定了，一人不可能同时和N个人配对，因此他们（高分者）变得非常挑剔，他们虽然不知道自己的分数具体是多少，但他们知道一定比普通人的要高。为什么？看看围在自己身边的狂热追求者就知道了。

那些碰壁的追求者迫于无奈，只能退而求其次，原本给自己的目标是一定要找90+的人配对，慢慢地觉得80+也可以，甚至70+或者60+也能凑合着过了。但那些数字太小的人就很不好了，他们四处碰壁，到处被拒、被嫌弃。最后他们想出来的办法无外乎：一是找个数值差不多的凑合凑合算了，比如5号和6号两人配成一对，虽然奖金只有110美元，那也好过没有。二是和对方商量，如果你愿意和我配对，那么拿到奖金的时候就不是对半分，我愿意给你更多，比如三七分成或四六分成等，或者事后再请你吃饭。虽然请客吃饭花的钱肯定多过奖金数额，但是找不到人配对实在太没面子了。

这个过程在现实中就像交易，交易条件包括房子、财产等。眼看时间就要到了，还有少数人没有成功配对，这些人没办法了，只能赶紧找人草草完成任务。因为单身一人的话，拿不到奖金……当然也有坚持不配对，以单身结束游戏的大学生。

心理学家发现，绝大多数人的数字与配对对象背后的数字都非常接近，换言之，中国古人说的"门当户对"还是很有道理的。比如55号男生，他的对象有80%的可能性是50号~60号之间的女生，两人数字相差20以上的情况非常罕见。好玩的是，100号女生的配对对象竟然不是99号男生，也不是97号或95号，竟然是73号男生，两人数字相差了27！

原来100号女生被众多的追求者冲昏了头，她采取的策略是"捂盘惜售"（因为她并不知道100是最大值，也不知道自己就是100号），她还在等待更大数字的男生，等到大家都配对完毕，她开始慌了。于是她在剩下的男生里找了一个数字最大的，就是那位73号幸运儿。她最后也尝试过去找90+的男生，但是人家都已经有女伴了，让男生抛弃现有的女伴跟她配对并不现实，何况已经配对的男生不会为了这点钱而损害自己的名声。

从实验中，我们还可以总结出很多经验：1.因为人太多、地方太小，你并不可能跑去看每个人背后的数字（空间、圈子、地域限制）；2.你只要看谁边上围着的人多，谁就是数字较大的人，而那些孤苦伶仃、门可罗雀的人，肯定是数字小的（多数抉择，光环效应）；3.小数字的人追求大数字的人一般都很辛苦，因为要大数字的人接受小数字的人令大数字的人总不是那么甘心，因此追求方要付出更大的努力才行，但更大的可能是你再怎么努力，对方也不理你。

3

每个人在遇到一个异性的时候，会出于本能开始评价对方的价值，这完全是下意识的。但人类的价值非常难评估，没有谁会把数字贴在自己的背后，人们往往还会故意夸大自己的价值。

我们在生活中所遇到的人也远远超过了100个，我们面临的是一个更加复杂的环境，这让我们做出决定的难度成倍增加。正因为选择的难度很大，因此人类进化出了一些很简单的指标。比如，我们更倾向于基于别人的判断来决定自己的判断。

如果爱情是一场精确的匹配游戏，最重要的是你自身的价值有多高（即背后数字的大小），而你采取什么办法去恋爱可能是次要的。

还有一点，我们每个人眼中的价值标准都不一样，所以我们可以看到如此多元的爱情：张生与崔莺莺、白瑞德与郝思嘉、罗密欧与朱丽叶……这些故事代代传诵，足以证实每个年代都有在世人看来"不可能"的爱情发生。

这里的世人是谁？就是那些"大多数人"。是你的邻居、三姑、八姨婆、九舅舅、隔壁学校的同学，甚至是你的父母。一些社会风潮是由这些"大多数人"决定的，所以当你看到社会的价值倾向时，你看到的就是大多数人的标准。但大多数人的标准就一定是正确的吗？

一位教经济学的老学者，曾经给学生讲过爱情的经济学："姑娘，有一天一个百万富翁向你求婚，他愿意给你一切，这本来是一件非常美好的事情。算一下，你以为自己赚了一百万。但同时又有一个千万富翁看上你了，那么你与百万富翁结婚的机会成本就是一千万。也就是说，如果你嫁给了百万富翁，那么你会亏损九百万。"这是经济学。

"我非常庆幸，我的太太经济学没有学好，那时候她非常漂亮，我却没有钱，但她还是嫁给我了。"这是爱情。至于你是被这些思潮所裹挟，还是有自己的爱情观，完全取决于你自己。（文/逐影狐）

> 婚姻和家庭中的很多因素，也许可以像经济学里的东西一样被量化，可以用等额的货币或金钱去衡量。但人之所以是人，有其与众不同的地方。比如，人类婚姻和家庭的神奇之处在于，其中一些利益交换有时是不对等的，而让它不对等的原因，是一个神奇的变量。这个变量叫作感情，而感情在某种程度上需要付出和自我牺牲。

> 开个脑洞
>
> 痢疾如何让英国人获得了自由的权利？腹泻又是怎样改变了美国南北战争的历史？肺结核症状曾是女性美的标志吗？欧洲的吸血鬼传说究竟是怎样诞生的？

他们不生病，世界会不会不同

英国国王约翰声名狼藉，按照《英国电讯报》的说法，这位13世纪的英国君主视朋友和敌人为粪土——简直是一视同仁！他把自己的臣民关进监狱以霸占他们的土地，残忍地将敌人活活饿死，甚至还谋杀了自己的亲侄子。他把英格兰带入战争的深渊，却在战场上临阵脱逃，陷盟友于险境。

这个令人不齿的暴君因拉肚子拉到虚脱而死。1216年，约翰死于痢疾。英国广播公司（BBC）对此有如下描述："腹泻非常严重，引发了大出血并导致死亡。"致命的痢疾不仅要了约翰的命，同时还使此前刚刚被"枪毙"的《自由大宪章》重获新生。在发生了贵族叛乱，叛军包围了伦敦后，约翰于1215年签署了这份文件，如果施行，这一能够改变英国命运的宪章将对王权起到约束作用，阻止国王肆意把人关入监狱、流放以及强行侵吞他人财产等行为的发生。据大英图书馆的评价，它甚至为建立英格兰议会奠定了基础。但是约翰没有丝毫要推行《自由大宪章》的意愿。

约翰只是在文件上签上了自己的名字，他本意是想以拖待变，等到天气转坏，反叛他的贵族无法继续发动攻击时，他就又可以为所欲为了。为了破坏《自由大宪章》，他派人给教皇送去一份，后者即宣布文件无效。但他一死，他9岁的儿子继承了王位，大臣们便立即重新起草了文件，《自由大宪章》保证的各种公民权利最终得以施行。

痢疾不仅仅钟情于约翰王，它还侵袭了很多人，尤其是士兵。

约翰·霍普金斯医院在1900年发布的公报中指出，那些细菌中的坏分子"对于军队来说，比炸药和枪击更为致命"。据史料记载，在英国著名的军事胜利之一——阿金库尔战役中，开战之初英军就因痢疾减员至少1/3。据称，弓箭手不得不撕开自己的内裤以保证在战斗中可以随时解决燃眉之急。

除了对战争胜负有重要意义，诸如痢疾一类与腹泻相关的疾病，也在一些重要的冲突中扮演了关键角色。有学者认为，在克里米亚战争、拿破仑战争和普法战争中，腹泻类疾病都是决定战争胜负的重要因素。而且这类疾病很可能也改变了美国南北战争的结果，蒙大拿州立大学的学者对此解释称，在葛底斯堡战役中，南方军总司令罗伯特·李将军就被腹泻严重折磨着，这使得南北战争的军迷推测，腹泻对他在此役中战败负有一定责任。

姑且不说罗伯特·李将军是否被腹泻毁了，但这类疾病的确在美国历史上留下了浓重的一笔。在整个南北战争期间，有超过170万北方军士兵患上了痢疾或腹泻，南方军也有不计其数的士兵受到同样的折磨。战场上也是要有骑士风度的，不能向蹲在那里正狂泻不止的敌军士兵射击。

在欧洲，从来都不缺少关于吸血鬼的恐怖传说。几个世纪以前，吸血鬼并不属于娱乐范畴,细菌理论直至19世纪才出现,在那之前,人们并不知道疾病是如何传播的,也不懂得尸体是如何腐烂的,所以就有了关于吸血鬼的幻想,它们是迷信思想泛滥的必然产物。据《国家地理》杂志介绍,人死后尸体开始萎缩,便给人以牙齿和指甲还在生长的错觉。同时,液体开始从尸体的孔洞中流出,又给人以流血的错觉。这些过程看起来是那么奇异,所以人们把它定义为超自然现象。当瘟疫、结核这些传染病暴发时,周围就会有大量尸体,人们就猜想这是亡灵以活人为食的结果。

人们给这些吸血鬼原型冠以各种各样的绰号。16世纪时,意大利人称它们为"史特雷加"(strega),这个词既有吸血鬼的意思,也有巫婆的意思;17世纪时,德国人称它们为"nachzehrer",这个词有死后还活着和在夜里出没的意思。恐惧的居民创造了各种别出心裁的方式,来保护自己免受吸血鬼的伤害。例如,在尸体的嘴里放入石头,或烧毁尸体的心脏并用燃烧得到的灰烬喂食病人。这些误导性的迷信思想在欧洲广泛传播,而且漂洋过海传到了美国。据《大西洋报》报道,在19世纪末,东欧的吸血鬼神话传到了爱尔兰作家布拉姆·斯托克的耳朵里,正是他创作出了最受欢迎的吸血鬼——电影《吸血僵尸惊情四百年》中的德古拉伯爵。

如果你的名字不是霍利德医生(美国西部历史上的传奇人物,他是一名赌徒,同时是一名可以百步穿杨的枪手,死于肺结核),那么患上结核病就绝不是什么可爱的事情了。即使你是霍利德医生,早晚也有死的一天,最好的结果是死得痛快一点,最坏的结果可能会是一直咳嗽到死。那么,如果你生活在英格兰的维多利亚时代呢?你根本就不需要塑造出一个脾气火暴的枪手形象,以使这种呼吸障碍性疾病看上去很酷。

维多利亚时代的人称肺结核为痨病,是的,这种病的确会把人的身体一点点消耗殆尽。据卡罗琳·戴教授介绍,1780年至1850年间,痨病症状成了女性美的

标志。该病导致人的皮肤苍白得吓人,让人的形体骨感纤瘦,而这种体态竟是那个时代英国女性的时髦追求。当然,无知也是造成这种错误时尚观的原因。与结核病非常相似,瘴气理论当时也非常盛行,许多人认为是"不好的空气"传播了结核病,其他人则将之归咎于不良基因。

有一段时间,人们都试图模仿结核病人。但到了19世纪晚期,细菌理论的出现吹散了瘴气理论的阴霾。1882年,罗伯特·科赫发现细菌是导致痨病的罪魁祸首,很快医生就开始号召人们摒弃穿长服饰、蓄须以及其他可能为细菌提供滋生条件的不良习惯。20世纪二三十年代,当医生为预防结核和佝偻病开出了如日光浴的药方后,潮流发生了重大转变。据美国公众健康协会介绍,越来越多的人认为晒黑的肤色才更具魅力。

在英国作家乔治·奥威尔1948年完成他的代表作《1984》之前,"老大哥"指的是打碎你的玩具、没事老欺负你的人;在那之后,"老大哥"成了反乌托邦强权者的代名词,他夺去人们的自由,并粉碎人们的美好梦想。

《1984》创造出了一个新词"新语言",这个词用一种全新的方式来描述政治及其宣传方式。据传染病专家约翰·罗斯称,奥威尔之所以能描绘出一个令人窒息的和监视无处不在的社会,也是出于对他自己遭受肺病困扰而呼吸困难的沮丧状态下的一种心态反映。

作者在与气管炎和肺结核进行抗争的同时,还患有不育症。实际上,在创作《1984》期间,奥威尔正在肺结核的折磨下日渐虚弱。显然,书中主人公温斯顿·史密斯就是作者自己年轻时的缩影,用奥威尔的话说,"真正令人恐惧的是他的身体日渐衰弱",这正暗示着史密斯正"遭受着某种恶性疾病的折磨"。《1984》中那种沮丧、压抑的氛围正是奥威尔糟糕的健康状况的写照。

《卫报》记者罗伯特·麦克拉姆这样评述,作者"大多数时间感觉非常不好",奥威尔遭受长期治疗的煎熬,他是有可能做出"为了除掉几只耗子而凿沉整

艘船"这样的事的。巧合的是，书中主人公温斯顿·史密斯最怕的就是老鼠，那些东西常常折磨着他。（编译/史春树）

> 历史上，大人物往往能够凭借超群的个人能力左右历史的走向，一些微小而不为人知的因素却又可以控制大人物，假他们之手来书写历史，疾病就是其中之一。著名作家歌德曾满怀敬畏地把历史称作"上帝的神秘作坊"。这个作坊在某些特定时刻，会顷刻爆发出最具戏剧性的火花，某个微不足道的事件，却决定了一个人的生死、一支军队的胜败、一个国家的存亡……这样的戏剧性，无疑让历史变得神秘而有趣起来。

> **开个脑洞**
>
> 被送上绞刑架的人确实死于窒息吗?为了满足求知欲,是否可以罔顾自己的生命?严肃认真和哗众取宠的界限在哪里?有人轰动一时,有人悲惨死去,疯狂值得吗?

疯狂的自我人体实验

马克斯·冯·佩滕科弗是一位慕尼黑的卫生学教授。他曾经在1892年说过一番豪言壮语——他愿意像一个士兵一样,为荣誉倒在科学的战场上。在众多惊恐万状的学生面前,这位74岁的老人一股脑儿吞下了一瓶液体——其中含有约十亿个霍乱弧菌。他这么做,是为了向自己的老对手罗伯特·科赫证明,这种细菌并不是导致霍乱暴发的罪魁祸首——真凶应该是自然环境,确切地说是土壤状况。

最终,佩滕科弗逃过了一劫,只是受到肠道功能紊乱的困扰。因此,教授便以为自己的观点得到了证实。其实,他的观点从一开始就是错误的。据猜测,他在此几年前就感染上了霍乱,而病程发展到此时,实验对他已经不会造成大碍了。

与年逾古稀的佩滕科弗比起来,斯塔宾斯·弗斯在早年就开始拿自己的身体冒险了。18岁时,这个雄心勃勃的医科学生就想证明,黄热病并不是通过人与人之间的接触传播的——尽管当时所有人都支持这个猜测,即黄热病是一种(人群间

的）传染性疾病。1802年10月4日，弗斯壮着胆子，进行了一项极端的反证实验。

他在身上20个不同的部位切开小口子，然后往伤口里滴进黄热病患者的呕吐物。结果什么也没有发生。接着，他又将那些呕吐物加热，然后吸入它们蒸发出的气体。他甚至还服下由呕吐物制成的药丸。最后，他直接吞服稀释后的呕吐物，而且逐渐将摄入量从半盎司增加到两盎司（约57克），他十分精准地记录下了这一切。

然而，还是没有任何异样。于是，他又尝试了尿液、黏液和血液之类的体液——同样，他不是服下它们，就是将它们滴到自己的伤口上。无论如何，弗斯都十分健康。他无法从自己的实验中得出合理的结论——他当时并不了解，黄热病是通过蚊子传播的。

相比之下，罗马尼亚法医，尼古拉斯·米诺维奇更濒临死亡的边缘。在20世纪初，他先后12次亲自用绳子（试着）上吊。"一开始，脸会变红。"他在事后激动地写下当时的情况，"接着，再变紫，而视线变得模糊，耳鸣也随之而来。"他并没有就此停止实验。最终，他在绞刑架上坚持了26秒。他的身体因此受到了好多损伤，"喉头和舌骨的撕裂几乎是不可避免的"。经历了无法忍受的痛楚，他最终认识到，绝大部分被送上绞刑架或是自缢的人都不是死于窒息，而是死于大脑缺血。

对于这一类实验，人们总是很难分清，它们到底是严肃认真的知识获取过程，还是哗众取宠的炒作。在1889年的巴黎，当时已经拥有盛名的查尔斯·爱德华·布朗-西廓医生，把一只壮年小狗的睾丸捣碎，再将其和蒸馏水拌到一起，然后将"溶液"注射入自己前臂的静脉——他认为这是一种返老还童的良药。不久之后，他便感到自己精力更加旺盛。这一点在粗略的量化估计中得到了证实，比如他排尿的强劲程度——"尿液划出的距离，即它从身体一直到小便器底部的飞行距离"有了明显的增加。

后来,当布朗-西廓含糊不清地表示他的生命力得到了增强时,这座以浪漫而闻名的首都立刻陷入了疯狂之中——很多人开始找寻这款神奇的药物,因为仿佛谁拥有了它,谁就拥有了幸福。此药的发明者对此完全失去了控制,不少奸商打着他的旗号招摇撞骗。然而,等到人们醒悟过来时,一切都已经太迟了——很多病患在接受了睾丸治疗法以后,都得了严重的败血症。

其他一些自我人体实验的结局更加悲惨:外科医生威廉·哈尔斯蒂德把可卡因当作麻醉剂来实验,最后染上了毒瘾。英国人安德鲁·怀特猜测,疟疾可能会对鼠疫产生免疫,于是他让自己同时感染上两种疫病,结果不到一周便撒手人寰。秘鲁的医科学生丹尼尔·阿尔希德·卡里翁让自己染上在其家乡广为传播的皮肤病秘鲁疣,而39天之后他却令人意外地死于奥罗亚热。由于卡里翁的自我牺牲,人们在后来找出了那两种病症之间的联系,卡里翁在秘鲁也被追认为烈士与民族英雄。

虽然另一些研究者在他们疯狂的自我人体实验中幸存下来,却遭到了同行们幸灾乐祸的嘲讽,甚至是非议。沃纳·福斯曼就曾经经历过这种挫折,他在自己身上做过历史上最为著名的医学实验。后来,他的上司把他所有的尝试称为愚蠢的"小丑表演",并且认为这完全配不上高尚的医学事业。好心的同事则警告这位来自埃伯斯瓦尔德的德国乡村医生:由于他所进行的实验,他可能会在牢中度过一生。那么,究竟发生了什么?

1929年,这个年仅25岁、刚刚成为助理医师的青年实现了一个梦想:他刺破自己左臂肘部的静脉,将一根很长的、由无菌橄榄油润滑过的细管插到静脉里。慢慢地,管子越插越深,最终到了心脏。在这期间,他没有感到任何的疼痛,相反,却"感受到了一丝暖意"。实验并没有停止,他带着自己的"实验品",跑到楼下一个配有伦琴射线仪(X光机)的房间。在那里,他给自己拍了一张片子,一张足以震惊世界的片子——福斯曼完成了医学史上第一例心脏导管术。

媒体把他当作一个流行天王来进行连篇累牍的报道,于是,越来越多的细节

进入到公众的视野,包括福斯曼的顶头上司曾经坚决地禁止这项实验。此外,还有更扣人心弦的情节:就在福斯曼即将开始实验的时候,一名护士阻止了他。为了让他就此罢手,那名护士甚至提出,自己愿意代替福斯曼来做实验品。而年轻的医生将计就计,他只是在表面上随声附和,在那个无助的护士被牢牢地绑在手术台上之后,福斯曼开始了实验——没错,他对着自己开始了实验。

对于这个倔强的年轻医生,整个行业选择了置之不理的态度。然而,福斯曼却在之后的实验中取得了进展,并且还有了一个明确的目标:优化、改善心脏的诊断方式。他曾在闻名遐迩的柏林夏洛蒂医学院短暂工作过,可没有取得任何成果。后来,福斯曼还是回到了自己原来位于埃伯斯瓦尔德的乡村医院。而谁又能想到,在进行自我人体实验27年之后,早已被人们遗忘的福斯曼,收到了一封来自斯德哥尔摩的邮件,他获得了1956年的诺贝尔生理学或医学奖。(文/Vitamin)

> 这个世界上,总有一些"怪诞"的人,敢于为了心中所愿,去尝试那些在他人看来异常"疯狂"的事,于是有了异类的诞生。事实上,好奇心总会将我们引导到感兴趣的领域,关键是我们要做到何种程度。如果有一天,我们找到了自己热爱的事,不妨给自己一个机会,用激情和时间去坚持。当然,永远也别忘记另外一句话,"天欲其亡,必令其狂"。

> **开个脑洞**
>
> 消极思想和想象的力量真能致人死亡吗？安慰剂确实有效吗？医药说明书中的副作用我们应该在意吗？医生怎样说话才能让病人好得快？

被吓死的病人，问题出在哪儿

一个男人被判处死刑，在监狱等待行刑。一个医生走进来，蒙上他的眼睛，用手术刀割开他手腕和脚踝的皮肤，同时在一个水袋上扎出一些小洞。刀割下去之后，马上让水滴在铁碗中，发出滴滴答答的声音。医生哼着一首简单的歌曲，声音越来越轻。渐渐地，滴水声越来越慢，男人没有了声息——他被自己血已流尽的错觉吓死了，实际上他流的血还不满一烧杯。

这个残忍的实验发生在20世纪30年代的印度，它被作为"负面感觉和想象的力量"的极端例子载入医学史。实际上，正是本该救人的医生，常常使病人觉得自己病入膏肓。在这种情况下，医生就是病人生病的原因：草率的诊断，对药物或治疗风险和副作用的夸张警告，都可能给病人带来巨大的损害；有时，只是负责钻孔的牙医的说话声都会引起病人的疼痛，尽管钻孔还未真正开始。

这种消极思想的力量几乎让凡斯·范德思走向毁灭。这又是一个广为人知的例子，也发生在20世纪30年代，这次是在美国。一天傍晚，范德思在亚拉巴马州的一块墓地中遇到一个巫医。他拿着一瓶发出恶臭的液体，在范德思的脸前摇晃，然后预言他马上就会死亡，没有活命的机会。

从那以后，范德思就像真的被言中了。他躲在家中，情绪越来越糟。几天后，他虚弱不堪，不得不住进医院。医生无法找出他痛苦的原因，后来，范德思的妻子对医生讲述了这个奇特的诅咒。医生最初十分迷茫，随后，他开始了诊治。他打电话叫来范德思的家人，站在病床前，说他和巫医谈过话了，那个巫医当时把蜥蜴卵引进了范德思的胃里，一条小蜥蜴在那里孵化出来了。这只寄居在他身体中的爬行动物，会慢慢从内部将他吞噬。

在医生的命令下，一个护士走进来，拿着一个装有催吐剂的大针管。医生把针扎进病人的身体，病人开始呕吐。在混乱中，趁病人没有注意，医生从口袋中拿出一条蜥蜴，带着胜利的微笑说："看，你吐出了什么？现在好了，诅咒解除了。"病人喝下一口水，陷入了深度睡眠。一周后，他出院了，完全恢复了健康。

在医学界，存在一种非常普遍的现象：病人在听到医生关于某种副作用的警告后，就真的会出现该种副作用，糟糕的好奇心引发糟糕的身体反应。在服药之后，病人开始受苦，说明书中列举的副作用一一出现，口干、皮疹、疲倦、视力障碍、便秘等。"可能出现的副作用"这种说法对有些病人来说就像一个可怕的诅咒。

美国人山姆·苏曼在20世纪70年代被诊断为肝癌晚期。苏曼、他的家人和医生都认为他只能活几个月了，而他也确实在几周之后死亡。然而，尸检结果让所有医生大吃一惊：这是一个直径仅3厘米的小肿瘤，没有感染其他器官，癌细胞也没有转移。这个男人不是死于癌症，而是死于自己即将死于癌症的想法。

心身医学（研究心理对疾病影响的科学）认为：病人对医生语言的不同理解，会使治疗要么出现可怕后果，要么出现神奇疗效。对所有人来说，负面感觉都会像高血压一样，极大地增加心肌梗死的危险。非常典型的是，病人会在心肌梗死

发生前6个月内,出现筋疲力尽或绝望的症状。医生应该更多地关注病人的精神痛苦和情绪低谷,而不仅仅是观察高血压和升高的胆固醇等传统的风险因素。

在一项研究中,一组病人服食同样的药物,却被告知不同的药物价格。得知药物很贵的病人中85%都称疼痛减轻了,而那些故意被告知药品价格很低的病人中有61%感受到疼痛减轻。医生也可以从每天的出诊中得出这个结论。很多病人都更倾向于服用昂贵的处方镇痛药物,而不是低价的非处方药。很多病人抱怨,廉价的药物不如昂贵的药物有效,尽管它们所含的有效成分可能完全一样。所以,医生应该尽可能多花时间向病人解释,廉价的药物和昂贵的药物一样有效,而不是简单地对他们说"医保不会为其他药物付款"。

此外,很多人因为害怕可能出现的副作用而选择不吃药,医生必须更好地对此做出解释。如今,制药公司正在履行越来越严格的药品安全义务,每一种副作用,哪怕只出现过一次,都必须列在说明书中。正因如此,再无害的药物可能带来的不良反应列出来也像一张恐怖清单,其实,这些副作用出现的概率比被雷电击中还要小。

医生总是低估了他们言语的力量,所以专家建议,将来的医学专业学生必须学习和病人对话、交流,进行角色扮演训练,医生应该真正在医患互动的细节上下功夫。那些对医生来说很好理解的医学术语,却可能让病人误解,引发他们的强烈反应,大大降低疾病治愈的可能性。

美国心脏病医师、诺贝尔和平奖获得者伯纳德·劳恩在著作中叙述了年轻时他作为医生助手所经历的一件事。当时的主任医师情绪很糟,匆匆探视病人后,在病床边对其他医生说,这位女病人患的是典型的TS。TS在医学术语中是三尖瓣狭窄的意思,实际上这种疾病大部分都不会带来很大的身体损害,绝对不算致命的疾病。女病人聚精会神地听着。探视之后,她对劳恩说:"看来一切都结束了,TS肯定意味着晚期。"尽管劳恩马上向她解释这个缩写的含义,并告诉她不需要担

心,但她的状况还是迅速恶化。她呼吸困难,肺中的液体越积越多,数小时后,她便死于肺积水。

在医院里,每天都会出现医生不加考虑说出的话语,有的可能出自好意,最后却带来致命的后果。心慌意乱的病人会细细斟酌医生说的每一个字。如果医生在给孕妇做超声波的时候嘟囔了句"婴儿的头有点大",本来满怀希望的父母可能立马就会想到脑积水或严重的残疾。"这种药可能会起作用"或"我们试试这种药"之类的话都足以使病人陷入深深的不安。形象描述出来的专业术语(如在计算机断层扫描前说"现在我们把您切成一些薄片")或报告好消息时采用负面的表达方式(如"肿瘤扩散的结果为负")也会给无法很快理解其意的病人带来担忧。有些安慰也丝毫不起作用,只会引起病人不必要的不安,比如"您不需要害怕""您感到疼就告诉我"或"现在会流一点血"。

就是那些已经意识到这个问题的医生,也陷入了一种两难的境地:尽可能全面地告知病人手术和治疗可能存在的风险和副作用,是他们的义务,但实际上厚厚的手术同意书和风险说明书会让病人不安,而不是让他们安心。因此专家建议,医生应该只告知病人重要且频繁出现的风险因素,而不是每一种可能出现的微乎其微的反应。少数病人很早就知道怎样保护自己不受负面思想的干扰,他们扔掉手术风险说明书,在面对长达几页的手术同意书时,他们只是问:"告诉我要在哪里签字,其他的我根本不想知道。"(文/[美]维尔纳·巴尔腾斯)

> 一个人必然既有消极情绪,又有积极情绪。然而,消极情绪往往比积极情绪更能让人产生强烈的感受,这在心理学上叫作"消极情绪偏见"。这种现象的存在,启示我们在交流中应洞悉说话的技巧,尽量站在别人的立场上激发积极情绪,而不是相反。很多时候,积极情绪不仅是好事带来的结果,更是好事发生的原因。激发更多的积极能量,显然能让这个世界变得更加美好。

有没有可以永远不死的人体细胞？"海拉细胞"是怎样一种令人惊奇的存在？人类有一天真的可以不死吗？改变了世界的海瑞塔究竟是什么人？

不幸的海瑞塔：为科学"永生"

1920年，海瑞塔·拉克斯出生在美国弗吉尼亚一个农民之家。和很多南方农民命运类似，她的祖上如小说《根》里的农民一样，从非洲被贩奴商运到了美国。

14岁时，拉克斯生下了自己的第一个孩子，随后她嫁给了孩子的父亲，自己的表兄大卫·拉克斯。到31岁身体出现问题时，她已经有了5个孩子。这样的生活在当时的非裔美国人当中是相当普遍的。

其实，拉克斯很久以前就注意到身体有些不舒服了。她经常感到子宫像打结了一样疼痛，下身也总是出血。这种病症在她的第5个孩子出生后依然没有好转。1951年，她不得不前往医院向医生求助。在当时严重的种族歧视背景下，唯一能免费治疗"有色人群"的医院是离家30千米之外的约翰·霍普金斯大学医院的隔离病房。

打了麻醉药的拉克斯安静地躺在病床上。她丝毫不知体内的癌细胞很快就会

将她完全吞噬，也根本不会想到自己将以一种奇特的形式在医学世界里存在下去。约翰·霍普金斯大学医院的医生发现，拉克斯的子宫颈上有一块硬币大小、凸起的伤口，表面平滑，呈紫色。医生将其诊断为一期表皮宫颈癌。医生切下她癌细胞的几片组织，作为标本存放在医院里，希望这些组织能够生长，为今后医学所用。

此前，科学家已经尝试了好多次，希望能得到可以无限制繁殖的细胞株，但一无所获。约翰·霍普金斯大学医院的乔治·盖伊正头痛于此，他花了数十年，试图通过细胞繁殖在人体外制造出肿瘤细胞，以期找到癌症的原因。大部分的细胞在实验室环境下很快就死亡了，少量存活下来的细胞也不会繁殖。乔治屡败屡战，决心继续寻找一个可以无限制分裂的细胞株，一个可以繁衍出无数个子细胞的"细胞之母"，一个可以永远不死的细胞。此时，拉克斯的肿瘤细胞被放到了他的面前。

这个癌细胞样品解答了乔治所有的问题。没有任何医生见过繁殖力如此强的癌细胞：它们的数量每24小时就会翻倍。乔治激动万分，他立即打电话告诉同行，自己找到了一个可以在实验室培养皿中无限次繁殖的"永生"细胞。

乔治曾想过用拉克斯的原名为之命名，为了防止其他科学家利用拉克斯，他最后选择了"海拉"——由拉克斯姓和名的前两个字母组成的词，来称呼这组细胞。"海拉"细胞株被迅速送往世界各地，任何地方的科学家只要需要它，就可以索取。

然而，这一切都帮不了拉克斯本人。诊断出癌症后8个月，疼痛万分的拉克斯在1951年10月死于尿毒症。尸检报告发现，拉克斯的癌细胞已经扩散到了全身。拉克斯被安置在普通木棺材里，葬在一处无名墓地里。她如同落叶一片，悄无声息地离开了。

如果拉克斯知道自己会以这样一种独特的方式在世界各地，甚至是太空中旅行，她会作何想？

"海拉"细胞非常稳定，具有旺盛的繁殖力，成为医学研究的重要对象，也

造就了几十亿美元的产业。只要做过肿瘤研究、生物实验，或者养过细胞的科研人员，大都接触过"海拉"细胞株。一个试管量的"海拉"细胞，可以卖到近200美元，甚至更多，细胞的最初宿主却与这一切无关，甚至没有多少用户和交易者知道她是谁，他们绝大多数人只知道这个细胞株来自一名患宫颈癌的病人。

来自这名"普通"女性的细胞，被复制、销售、购买，运往世界各地的实验室，甚至被送入太空，研究其在零重力情况下的变化。"海拉"细胞帮助科学家实现了人类一些最重要的医学突破：化学疗法、克隆、人工授精，等等。今天，无数科学家还在继续使用"海拉"细胞以期攻克人类未攻克的难题，如治疗癌症、艾滋病等。很多人受益于"海拉"细胞，比如小儿麻痹症疫苗的研制，就与这组细胞关系密切。

如今，拉克斯已去世近70年，在实验室里生长起来的"海拉"细胞总量已经是拉克斯本人身体细胞总和的几百兆倍。没有办法知道今天究竟活着多少个"海拉"细胞。一名科学家估计，如果可以把所有生长过的"海拉"细胞堆起来的话，它们可能重达5000万吨。另一名科学家估计，如果将所有生长过的"海拉"细胞从头到尾排列起来，它们可以绕地球至少三圈，相当于1亿多米，而拉克斯本人的身高不过1.5米。

拉克斯虽然为科学提供了有史以来最重要的细胞之一，但她的家属和她本人从来没有为之得到任何补偿，她的孩子们根本不知道围绕着母亲的细胞发生的故事。直到2010年2月，一本记录这个传奇故事的书籍在美国出版，这位细胞之母才真正进入公众视野。拉克斯的后人才得知已去世多年的拉克斯的活细胞竟然存在于全球各地的实验室里，甚至有无数人因为这个细胞而发家致富。

拉克斯去世后不久，丈夫再婚，留下的5个子女也很少再提起她。当时只有1岁的小女儿德博拉总是拉着爸爸问："我的妈妈呢？她在哪儿？"而她的爸爸只能一次一次地告诉她："你的妈妈叫海瑞塔·拉克斯，她已经死了。"后来，德博拉

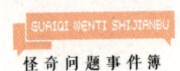

终于见到了自己的"母亲":那是一小瓶被冷冻起来的海拉细胞。对着那个小小的瓶子,这个根本不记得母亲相貌的中年妇女轻轻地说:"你真伟大,只是别人都不知道罢了。"(文/文 择)

> 以不幸的病人作为医学进步的"燃料",大概是医学研究中一种无奈的选择。多少人会真正认真审视这些无名的"燃料"呢?而"海拉"无疑是医学研究中最持久、最庞大的"燃料"。我们应该试着了解类似"海拉"这样的不幸者——他们是谁,他们做了什么。了解了他们,我们可能才会多一份悲悯,对弱者给予更多帮助和同情。

> 开个脑洞
>
> 为什么我们会有智商上的差异？聪明基因真的存在吗？改造人类智慧真的可行吗？如果可行，谁有权利决定我们更笨还是更聪明？

爱因斯坦的大脑害了什么"病"

六十多年前，爱因斯坦的大脑被切成240块，浸泡在装满福尔马林的玻璃罐中。在高精度显微镜下，一个又一个神经学家仔细研究过这位天才的大脑，反复观察每一道褶皱和沟回，试图找出异乎常人之处。最终没有任何有价值的发现。

智慧从何而来，因何不同——从研究大脑体积到神经差异，科学家探究的目光越来越微观。他们中的不少人相信，或许人类智慧早已被写入一串串记载生命密码的基因中。

美国学者丹尼尔·本杰明率领的全球研究团队，在基因组中看到了人类智慧的某种差异。他们和合作者采集了超过110万个人类样本数据，比较他们接受正规教育的时间及DNA中包含的基因突变位点，希望能进一步解释不同个体教育成就的差异。

这些基因突变大多与大脑发育及神经元间的信息交流有关。这意味着，它们很可能与人类智慧的形成相关。科学家竭尽全力找到的,并非某个或几个能决定智慧的关键基因,而是散落在人类基因组中零星的"智慧碎片"。随着数据量越来越大,更多的碎片有待发现。

本杰明刚念经济学博士时,参加了一个"神经经济学"研讨会。那是一个全新的领域,探讨人脑如何影响个体做决定。听完报告,本杰明和导师激动不已。他们散步时讨论,神经经济学之后会是什么?"人类基因组项目那时刚结束,我们想着,比大脑更根本的是基因,某天它会对社会科学研究举足轻重。"本杰明回忆。

兴奋将他带入最前沿的学术领域。在基因经济学这个新开拓的学科空间中,本杰明开始用基因数据预测人的行为和状态。教育成就是他最关注的方向。众所周知,接受教育的时长受社会环境影响极大,但本杰明认为,如果样本数量足够大,或许能发现基因的潜在影响。基因能通过影响记忆力、理解力等认知功能,间接地影响个人在学校中的发展。

数年时间里,本杰明不断扩大样本数量。当样本数量约为10万个时,他找到了3个与教育成就相关的基因突变,当样本数量扩大到30万个时,他找到了74个相关突变。当样本量增长到110万个时,1271个相关突变呈现在他的面前。

单个基因突变的影响力几乎可以忽略不计,即便关联性最强的突变,影响力也只有0.04%,不到与身高相关的基因突变影响力的十分之一。在点状图上,这些样本数据是一团离散范围巨大的云。不过,将这些点综合在一起,对群体有较为显著的预测能力。

本杰明和同事根据研究结果创建了一套评分体系,个体拥有的相关基因突变数量越多,得分越高。结果表明,基因对教育成就的影响的确存在。但它们过于微弱,几乎不对个人有预测力,许多得分很低的受试者照样接受了高等教育。

人类对提高智力的渴望由来已久。弗朗西斯·高尔顿是"优生学"的鼻祖。

读完表亲达尔文的《物种起源》后，他备受启发，写出了第一本试图研究卓越智慧的书籍《遗传的天才》。"通过仔细地选种，我们能轻松培育出天赋异禀的狗或者马，它们擅长奔跑或做任何其他事情。那么，人类通过审慎的婚姻，持续数代，肯定也能培育出一个拥有高度天分的种族。"高尔顿直抒胸臆。

高尔顿的构想已同纳粹主义一起被扔进历史的垃圾桶中。拥有新科技的人类正试图实现更高层面的跨越——跳过漫长的自然选择，直接编辑生命的密码。人类已能检测胎儿的DNA，对它们逐项扫描，也已拥有对胚胎进行基因编辑的技术手段，但横亘在人们面前的最大谜题是，那些字符到底是什么意思？

基因组这本百科全书，一共记录了约60亿个字母，记录了构建人类所需的全部信息。地球上任意两人，基因组有99.5%完全相同。人与人之间天生的差异在于基因变异位点的不同。传统的研究手段是寻找与性状相对应的基因。比如，眼睛或头发颜色的差异都指向特定的基因。但一旦涉及认知或学习能力的差异，研究几乎都搁浅在进化的复杂性那片浅滩上。学界迟迟未能搞清，到底哪些基因掌控着人类的智慧。

"如果地理学家想搞清楚地质构造，或上百万年大陆间的地壳运动，他们不会随便在后院捡起几块小石子，然后去分析它们的化学成分。"一位心理学家认为，学者搞错了方向，"你必须考虑研究对象的规模，并不是所有人类行为都能在神经元和基因层面找到解释。"一位基因学家也支持这种观点，在他看来，许多人类的复杂性状，并非由单基因或多基因控制，它们由所有基因共同影响。这一假说勾勒出复杂的基因图谱，它们可能并非如人们过去想象的那样，彼此隔绝地排列，而是紧密关联、相互影响。

有些与智力相关的基因，已被发现能影响整个机体。有的基因与骨头生长和高血压相关，有的基因能生产一种酶，与类似于胰岛素的生长促进因子相结合。与本杰明发现1000多个同教育相关的基因突变一样，这些最新发现似乎也在让智慧之谜变得更加扑朔迷离。

在本杰明之前，不少研究者曾试图证实基因和教育的联系，但几乎都无功而返。他们被诟病的重要原因是研究的样本量太小。经过努力，本杰明和同事改写了遗传学家单打独斗的历史，他们汇集上千个研究项目，建立了一个庞大的基因数据池，一个超百万样本的庞大数据库最终形成。

本杰明计划最终将样本量扩大到200万个。这样，他能找出更多与教育关联的基因突变，制作出更具预测度的基因评分。按照一位学者的计算，所有基因突变与教育水平的关联度可能会达到20%。

这个关联性并不那么强。扫描了上百万人的基因组，做了庞大的计算，与消耗的经费相比，本杰明团队的研究显得"亏本"：他们没找到能直接提升智慧的基因，没找到天才基因里拥有的独特之处，没做出预测度高的量表，反而正将问题复杂化。但或许，这正是这项研究本身最大的价值。谜题答案可能藏在基因与环境的互动中，即便爱因斯坦的大脑，与普通人相比也无甚特别。

尽管许多科幻小说中都有改造人类智慧的情节，随着越来越多可能与智能相关的基因突变被发现，这一构想或因工程量巨大沦为幻影。（文/郭路瑶）

东西方思维方式的一个巨大差异，是我们更强调整体和综合，强调联系与和谐。这体现在我们文化的方方面面。智慧如何诞生？或许正像部分学者所说，它是我们基因综合作用的结果，并不像一加一等于二那么简单。人类大约就是这样一种综合体，与各类物质有关，与宇宙星辰融为一体。

"懒癌"和"跑嗨"是怎么进化而成的?"每天两小时"能让运动发挥最佳效益吗?对普通人而言,多少时长的运动是合适的?走路不算锻炼吗?

动起来,赢取大脑的奖赏

脊柱挑战者大赛是一项残酷的赛事。在寒冷的冬日,参赛选手必须在60小时内,沿着英国地理上的"脊柱"——奔宁山脉最陡峭的路段跑完174千米,全程的爬坡量累计达5400米,这相当于爬了一次阿尔卑斯山脉的最高峰。

如果日常体育锻炼是健身的灵药,那么脊柱挑战者大赛绝对是一剂猛药——完成全程所消耗的运动量,是健康达人们推荐的"日行万步"的运动量的20倍。像这样的超量级马拉松赛事正在全球开展得如火如荼。而且,与此类似的不少著名马拉松比赛里,参赛者除了专业选手外,更挤满了普通人。

而在大城市的自动扶梯上和电梯里,却塞满了甚至不愿意挪步爬楼的人。数据显示,美国老百姓每日的平均步数只有5000步,英国人的情况也差不多。

一方面,马拉松发烧友们不断寻求更大运动量的挑战,并在运动中获得满足;另一方面,更多人却在拒绝运动,他们体内似乎有某种"懒惰基因"。这是为什么呢？因为人类是从懒惰中进化而来的。只消观察一下大自然就会发现，无论什么动物，本质上都是"懒癌"患者——只要能休息就休息，因为这样可以为身体节省并积攒宝贵的能量，以用于生存和体内的能量再生产。比如，人类的"近亲"大猩猩每天用于休息、睡觉的时间可长达18小时。

大约在250万年前，人类祖先开始进化，并逐渐摆脱懒惰。当时，我们的祖先依靠狩猎和采集为生，人类的身体也逐渐向"强体力活动模式"进化：狩猎、食物采集等活动都需要大量、高强度的体力劳动。体力好的个体可以找到更多食物，并繁衍更多后代，而这又会进一步刺激他们去从事高强度的体力劳动。

经过很多代之后，人类大脑逐步进化出对体力劳动的奖赏机制：运动之后，人体会释放出一种名为内啡肽的内源性大麻素物质。这是一种人体自产的"兴奋剂"。于是，现代人跑步后的那种"跑嗨感"产生了。与我们的猿类祖先渴望休息的本能意愿一样，这种感觉也在人体内扎下了根。所以，进化到今天，"渴望休息"与"渴望运动"两种声音始终在我们体内此起彼伏，并在"努力工作"与"尽情放松"的现代生活模式下取得了平衡。

不过，就在那么一眨眼的二三十年时间里，人类的生存环境又改变了。饥饿、野兽、恐惧等促使我们祖先不断运动的外在动力大幅削减，人们开始了定居生活。过分享受定居使我们患上了糖尿病、肥胖、心脏病等"富贵病"。

如果在石器时代，人类可以"倾听"身体来了解它需要什么，那么在现代社会，让身体自主选择运动还是休息，简直就像是让4岁的小孩自主选择吃西蓝花还是冰激凌一样可笑。

要避免现代生活的种种副作用，需要尽可能"模拟"出采集狩猎时代人类的能量消耗模式，运动可能是最佳的选择。

由于久坐、少动，现代人的代谢系统中囤积了大量的闲余能量，这些能量又会被转送到身体的各个组织中，那些在过去只需要一丁点能量就能维持正常运作的身体组织开始"超负荷"运作。而运动则能帮助人体消耗掉这些过剩的能量，并预防许多慢性疾病。

当然，过分运动也会给健康带来不良影响。例如，过量的高强度运动就给运动员带来了一系列副作用。以参加奥运会的游泳运动员为例，他们每天需要进行五六个小时的高强度运动。这导致一部分运动员患上过度训练症，表现出运动能力差、免疫力下降、情绪低落、易烦躁等症状。更糟糕的是，繁重训练和超量运动会迫使一些运动员服用兴奋剂。因为当运动过量时，人体会抑制某些激素的分泌，而这些类固醇类似药物会起到补充作用。

对于现代普通人而言，多少时长的运动是合适的呢？最新的系列研究给出了一个比较可信的结论：每天运动两小时。对普通人来说，每天运动100分钟的成年人，其死亡率比"死宅"们降低了80%。此外，这一结论对专业运动员的运动量设定也具有参考价值。

需要指出的是，这里的两小时运动量并不是单指跑步、游泳等运动，而是包括了能让身体动起来的各种活动。一项覆盖近5000位成年人的研究显示，经常运动的人死亡率更低。与运动量最少的人相比，每天进行25分钟相当强度运动的人可降低25%的死亡率。

科学家曾就人体能量消耗这一问题，选取坦桑尼亚的土著人和现代人作为研究对象，进行了比较研究。坦桑尼亚的土著人依靠原始的狩猎采集为生。他们每天都要进行大量的体力劳作：妇女需要挖土豆等块茎植物；男人则要爬树、捅蜂巢、取蜂蜜；连小孩也要从事劳作，例如将木头和兽皮拖到水边，以帮助安营扎寨……他们的活动量是都市人的五到十倍。相应地，他们的健康质量似乎更高。虽然大多数土著人远不及都市人长寿，只能活到六七十岁，可他们到老都拥有这个星球上最强健的心脏，而且身体强壮、灵活，基本都是无疾而终。

可进一步的研究发现了更有趣的现象：土著人所消耗的卡路里并不比都市成年人高多少。这并不意味着采集狩猎不需要耗费大量体能，而是因为土著人的身体实际上已经调整到了合适的代谢模式，能够用较少的能耗完成日常所需的体能活动。

对都市人来说也是这样，追求健康的运动方式同样不一定需要伴有大量的卡路里消耗，只要让身体动起来就行。事实上，如果真能做到"动"两小时，的确对我们的健康大有裨益。针对英国人均寿命最短的城市格拉斯哥地区邮政人员的一项研究显示，每天走1.5万步去送信的邮递员——这相当于两小时的健走，他们的心脏代谢水平与坦桑尼亚土著人相当。

如果日行万步对你来说有点困难的话，也不用灰心，动总比不动好。持续性的研究显示，中等运动量的运动比极低运动量的运动要好。对于久坐的我们来说，每天30分钟额外的运动可提升心率并使死亡率降低一半，由此大大提升健康质量和生命品质。

对那些成天坐在电脑旁工作的人而言，高强度的运动量是必需的。相比之下，目前出台的各类健康指南中的建议运动量实在是太低了。例如，美国国家疾病控制与预防中心建议的运动量只有每天25分钟（但仍有90%的人无法做到这一点）。

很多现代人把走路当作运动，并关心自己在步数排行榜上的排名，实际上走路并不都能算作是锻炼。不过，走走路也是一个良好的开端，即使是最微弱的步频也能让人动起来。

如果可能，你应该再进行一些"半温和、半激烈"的运动，而不要只把逛商场当作锻炼。因为对那些成天坐在电脑旁工作的人而言，高强度的运动量是非常必要的。而且，从进化角度来看，大多数都市人其实能够完成更多更高强度的运动。一项覆盖15万名澳大利亚成年人的最新研究显示，每天1小时高强度的运动可以抵消久坐一天带来的疾病风险。随着年龄增长，保持一定量的力量和有氧运动显得格外重要。

运动是强效药，但我们无须为它的副作用过度担心。我们唯一要担心的是不

运动,以及类似"生活太无趣"这样的消极念头。最佳的运动方式是那种会让你不断去重复的运动项目。(编译/泓 豆)

> 教育的最终目的是培养精神、身体、道德充分发展的人,体育应被看成高尚的、与科学知识并重的教育内容。丰富而有组织的体育活动,不仅能锻炼出强健的体魄,更能培养一个人遵守规则、积极进取、公平竞争和团队合作的良好习惯。"健康的心智存在于健康的体魄中。"这大概就是英国哲学家洛克如此言说的原因吧。

> **开个脑洞**
> 孔子吃肉为什么一定要蘸酱？古人的卤肉饭和今天比，哪个更好吃？面条到底是不是我们发明的？炒菜和乱炖比，哪家技术强？古人说的辣，居然和辣椒没关系？

幸运如你我，都有一个中国胃

中国人历来把"吃"当成头等大事。早在公元前500年左右，孔子就得出了这样的论断："饮食男女，人之大欲存焉。"而彼时，中国的美食史才刚刚开启，无论食材、烹饪手法还是口味都十分单调。那么，接下来的2500多年里，一代又一代中国人的口腹之欲是怎样与各种偶然、必然的历史因素叠加在一起，才演化成今日"屹立于世界美食之林"的中国菜谱系的？

中国先民在距今9000年到8000年这一段时间里，成功地种出了粟（小米）、黍（黄米）、稻（水稻）等谷物，至于另一深受人民群众喜爱的主食——小麦，则晚了三四千年才出现。不管怎么说，谷物让人们告别了不稳定的狩猎生活，获得了稳定的食物来源。但问题是，当时他们掌握的唯一烹饪方法"烧烤"，并不适合这些硬邦邦的小颗粒。于是，"吃货"第一次显示了推动文明进程的力量：他们发明了陶器。将谷粒放在陶釜中，加水煮熟，就成了最早的米饭。

这么吃了两三千年,又出现了可以隔水加热食物的炊具——甑,这意味着"蒸"作为一种烹饪手段登上了历史舞台,最直接的成果就是人们可以吃到干饭了。后代的人们还将不同的谷物放在一起蒸煮,名曰"香饭"。《礼记》中甚至记载了将煎肉酱浇在稻米饭上,再淋上熟油制成的"淳熬",这或许可以与现代卤肉饭一较高下。

不过,一直到魏晋南北朝时期,稻米饭都属于"奢侈品",因为它的产量太低了。到了南朝末年,水稻的种植面积才开始不断扩大;又过了几百年,隋唐统一时,稻米才终于取代粟和黍,成了南方人首选的主食。

而此时,北方人的餐桌已经被小麦占领。这种在中国历史相对较短的作物,几乎穷尽了中国人对主食的一切想象力。最初,它与其他谷物一样被蒸煮成了"麦饭",直到战国时期被一个"脑洞大开"的家伙放在石磨上磨成了粉。自那以后,面粉在勤劳智慧的中国人手中变出了万般花样。到北宋时期,京都汴梁(今开封)已经出现了你所能想象到的所有面食。当时,"凡以面为食者,皆谓之饼",火烤的为"烧饼",主要品种有烙饼、油饼、肉饼;水煮的是"汤饼",包括馄饨、饺子、面片;笼蒸的则称"蒸饼",馒头、包子都算;此外还有油炸的环饼(今馓子)等——真的吃货,根本不惧食材单一。

至于面条,历史就更悠久了。学界曾一度认为它是东汉时期由中亚传入中国的外来物,但2002年,青海喇家遗址出土的一碗4000多年前的"面条老祖"推翻了这个结论,将面条在中国的出现时间往前推了约2000年。

尽管先秦文献中关于"羹"(肉汤)的记载名目繁多,羊羹、鳖羹、鱼羹等,让人大流口水,但它们绝大多数只出现在皇室贵族的餐桌上,大部分老百姓可能一辈子都不知道肉是什么滋味。为此,孟子还写了一篇"家禽家畜养殖指南",提出了一个令人心酸的社会理想:让每个人在70岁的时候都能吃上肉。当时,统治者也不是天天能吃到肉。只有在祭祀时,周王室才能杀牛宰羊,平时"诸侯无故不杀牛,大夫无故不杀羊,士无故不杀犬豕,庶人无故不食珍"。

这种"粮多肉少"的局面,直接奠定了中国人主副食相结合的饮食结构:供应相对充足的主食负责充饥,奢侈的副食——北方的禽畜肉、南方的水产品乃至品种有限的蔬菜——则作为辅助食品下下饭、解解馋。

汉族人对猪肉的热爱倒是比很多人想象中要晚得多。直到物产大大丰饶的唐代,人们的肉食还是以羊肉、鸡肉为主。如此局面,多少怪中医。梁代名医陶弘景和唐代名医孙思邈都认为猪肉"味苦,虚人",久食容易生病。但这也间接导致了猪肉成为一种平民食品,因其"价贱如泥土"——这话出自苏轼的《猪肉颂》,接下来两句是"富者不肯吃,贫者不解煮"。

话说回来,苏轼绝对算是不折不扣的"中国古代第一吃货"。有人做过统计,仅在他诗歌中出现过的食材种类就多达98种,粮食、鸡鸭鱼肉、野味、水果蔬菜,不一而足。这也从侧面反映了宋朝人的口福。人们普遍认为,"中华料理"从中古到近世的转变就发生在这一时期。

宋朝航运发达,南北往来便利,南方的水稻、水产品和水果被大量运输到北方,北方的面食也逐渐进入南方,首次实现了食物上的"大一统"。但最重大的转变还是素菜的兴起。

有人认为,宋代佛教的盛行为素食的兴起提供了广阔的空间,但在吃货眼中,最重要的原因仍然是"好吃"。"炒"这种自春秋时期就出现的烹饪方法,在漫长的岁月里被无情忽视之后,终于在北宋得到了应有的重视。大火猛油,让食物中所含的芳香物质释放出来,立时香气四溢,且色、味、形俱佳,于是,"炒菜"很快使汤锅中煮得一团糨糊的菜泥被淘汰了。

从对烹饪技艺的研究上,足以看出宋人对"吃"的热情:在炒的基础上,他们还演化出了煎、焙、爆等制作方法,这些方法在日后成为中国菜肴最重要的制作方式;主食也花样翻新,将经过发酵的面粉蒸成蓬松柔软的包子,替代了硬邦邦的烤饼;也是在宋朝,人们开始注重菜肴的造型设计,做出了惟妙惟肖的"食雕"和别出心裁的花色拼盘……可以说,今日之"中国菜"的雏形,此时才定下基调。

3

宋朝人也不是没有遗憾，比如他们就没有尝过玉米、甘薯、南瓜、花生、土豆、西红柿的滋味。这些食材其实是舶来品，明清时期才登陆中国。不过，若要挑出一件"最遗憾"的事，一定没有异议，那就是——他们没吃过麻辣火锅，因为当时整个中国都没有辣椒这东西。

尽管巴蜀地区的菜肴自古以来就被评价为"尚滋味，好辛香"，但那"辛香"指的是花椒、茱萸、姜、芥等刺激性食物，与如今所说的"辣"有本质区别。直到明代中晚期，辣椒才从沿海地区传入中原，而四川以辣椒为调味品更是清代乾隆时期以后的事了。但这并不妨碍"辣"很快取代"辛"，将传统的五味"甘酸苦辛咸"变成了"酸甜苦辣咸"。

中国人最早注意到的滋味是咸和酸。早在春秋时期的齐国，就专门设置了"煮盐官"。最初的酸味则来自天然食材——梅。《尚书·说命》称"若作和羹，尔惟盐梅"，调制好的羹汤必须要用到盐的咸味和梅的酸味。最初的甜蜜滋味也来自天然，中国人自古就懂得用甘蔗的甜味来料理食物。不过，用甘蔗汁制糖之法却到了唐代才由西域传入。

先贤们也不满足于简单的天然调和之味，以孔圣人为例，尽管周游列国的时候常常饥一顿饱一顿，对美食却丝毫不肯放低要求，坚持"吃肉一定要蘸酱"。人们最初把肉糜加上盐制成"肉醢"，到魏晋南北朝时期，用粮食发酵而成的酱油、醋和被统称为"豉"的现代意义上的酱，其制作工艺已经相当完善。这几乎是中国美食史上的第一次跨越："酱"绝对是东方独享的调味料，而粮食发酵过程中产生的游离氨基酸所呈现的"鲜"味，成了中国人独特的味觉符号，尽管"鲜"这个说法到明清以后才有。

在李渔、袁枚的著作中，"鲜"成了评价美食的主要标准，到了现代，众多美食家也将"鲜"作为中国烹饪的主要特征之一——西方人始终找不到合适的词来翻译这种滋味，也无法用味觉来体会它的美妙。

如今,尽管食材上已经实现了"大一统",在"五味"的偏好上,因为地理环境和气候的差异,各地却始终保持着参差多态。四川人嗜辣,因其地处盆地、潮湿多雾,少见太阳,故经常吃辣可以驱寒祛湿、养脾健胃。山西人爱吃醋,原因之一则是当地水土较硬,易在体内形成结石,而醋可以起到软化作用。

同样的道理还可以解释"南甜北咸"。北方气候寒冷,尤其是冬天难见新鲜蔬菜,便提前用盐把菜腌起来慢慢享用,久而久之养成了吃咸的习惯。至于南方,阳光与水都十分充沛,盛产甘蔗,被糖分包围,自然就养成了嗜甜的口味。

不过,明明昼夜温差大的北方气候更适合植物的糖分积累啊!的确如此。事实是这样的:在宋朝之前,南方人和北方人在口味偏好上还与现代截然相反,"大抵南人嗜咸,北人嗜甘"。原因倒是跟上面的解释相同:北方气候适合糖分积累,而南方天气炎热易出汗,需要补充盐分,加之东南沿海享有鱼盐之利,食物常常做成咸鱼、腊肉来保存。现代的口味调换,有人认为,是后来的大规模移民所致。

事实上,中国八大菜系的形成和众多民间美食的发展,很大程度上也有赖于人口和不同饮食文化的往来交流。所以,别再为粽子、豆腐脑的甜咸争得不可开交了,首先,须知参差多态乃幸福之本源,口腹之欲尤其如此。(文/秦 筱)

> 一碗汤能喝出一个时代的味道,一箸菜能品出半世浮沉的过往。由食物演绎而出的历史,很多时候精彩如一出大戏。食物,不仅是味蕾上的一点滋味,更是每个人心底挥之不去的记忆,一个民族生生不息的见证。当我们了解这些似乎最普通的事物时,足以在眼底领略人类文明的演进史。

香蕉会在三十年后消失吗？我们吃的香蕉为什么全是替代品？香蕉+牛奶才是香蕉的本味吗？"香蕉式淘汰"到底是怎么一回事？

几十年前，最好的香蕉已"团灭"

当你走进水果店，面对琳琅满目的水果，是否设想过有一天你会和其中一种水果永远绝缘呢？

英国《自然气候变化》杂志的一篇报道称：英国埃克塞特大学的研究人员进行的一项研究发现，在全球广泛种植的香蕉正面临"香蕉枯萎病菌4号种"的困扰，且正持续加重，最坏的可能性是香蕉会在2050年灭绝。

再过三十年就吃不上香蕉了？

这个说法听起来有些耸人听闻。但在历史上，香蕉其实已经"灭绝"过一次了，我们现在吃到的香蕉，只是"正版香蕉"的替代品。

如果你能穿越回20世纪50年代的美国，并吃到当时的香蕉，肯定会惊奇于那时的香蕉怎么这么好吃。作为一种出身于观赏植物的水果，香蕉的种类十分繁多，

但真正好吃的其实只有有限的几种。近代，人们对这些品种进行挑选，最先被选中的，是一种叫作"大麦克"的香蕉。自19世纪初开始，"大麦克"香蕉的种植就已经遍布美洲、非洲以及欧洲，并向世界各地广泛出口。它与我们今天所吃的"华蕉"是近亲，但由于"大麦克"比"华蕉"好吃太多，在它存在的那段岁月里，"华蕉"只能屈居为观赏蕉类。

"大麦克"的味道今天仍能尝到：你在超市买到的香蕉牛奶，最初就是20世纪50年代美国厂商以"大麦克"的口味为模板，通过调制食用香精配出来的。你是否也觉得香蕉牛奶比香蕉本身好吃太多呢？

到了20世纪中期，"大麦克"已经风靡全球，很多南美国家单纯依靠种植香蕉就能支撑整个国民经济，"香蕉共和国"所言非虚。

然而，作为一种美味的水果，香蕉却有一个致命的软肋，它是一种"多倍体植物"。多倍体植物是植物在特殊环境下发生染色体加倍现象，细胞内原有的全部遗传物质（统称基因组）都多了一倍甚至两倍。对这些植物而言，由于控制生长、营养及糖分合成的基因多了一倍以上，植株的茎秆往往更加粗壮，叶片、果实和种子更加巨大，果实也更好吃。但多倍体植物是无法正常繁殖的（所以香蕉是没籽的），只能扦插繁殖，从这个角度说，同一种香蕉的不同个体，其实只是一棵母株的不同枝干。

这种特性导致了香蕉在维持品种稳定性的同时抗病性却极差。如果一种香蕉只是小范围种植，疾病大规模扩散的概率也许还小些，但如果把某种香蕉种植得阡陌相连、遍布全球，其遭遇"克星"的风险几乎无法避免。这个道理就跟生活在大城市的人更容易得流感一样。

果然，自1927年起的三十年，一种叫"香蕉枯萎病菌1号种"的疾病缠上了"大麦克"，"大麦克"香蕉陆续在美洲、非洲绝迹，导致无数农场主破产，美国人民一度没有香蕉可吃，只能靠喝人工调制的香蕉牛奶回味一下当初的美味。

而"大麦克"香蕉的绝迹还导致巴西等国家的种植业遭遇毁灭性打击，说起来,这场灾难要对20世纪后半叶拉美经济的步履蹒跚负一定责任。

在"大麦克"被团灭后,育种学家不得不加快寻找可代替的香蕉品种,我们今天吃的"华蕉"便是当时作为"替补"上场的香蕉品种。"华蕉"虽然口味比"大麦克"稍差,但"香蕉枯萎病菌1号种"拿它没办法,可以在被病菌孢子污染后的种植园继续种植,于是人们只好退而求其次了。

然而,出来混迟早是要还的。如今,随着"华蕉"越种越广,它终于也遇上了自己的克星"香蕉枯萎病菌4号种",并且出现了与当年"大麦克"十分相似的产量衰退。如果未来没有新技术扭转乾坤,"华蕉"也会重蹈"大麦克"的覆辙。届时,人们也许会再从其近亲中选择另一种替代品,满足全球香蕉爱好者的口腹之欲。

从香蕉的演变史,我们发现了一个有趣的现象:香蕉种植似乎在进行一场"劣币驱逐良币"的竞赛,在不考虑技术出现突破的背景下,越好吃的香蕉越先被选中推广至全球,也越先因为遭遇致命疾病而绝种,继而人们不得不选取差一点的替代品。

其实,这种"香蕉式淘汰"在社会生活中也很普遍。比如你是否经常觉得新歌不如老歌好听?在艺术界,那些经典、好的诗歌和乐曲往往最先被发现、推广开来,也最早被人们所习惯、不再能成为潮流,取而代之的则是一些新的"怪腔怪调"。再比如在一些公司中,某些最有活力的年轻员工可能率先被发掘,但如果公司机制不成熟,他们也会最早遭遇挫折,负气出走。如果你是最好的,也许你正在陷入一场"香蕉式淘汰"。(文/王 昱)

广义而言,"劣币驱逐良币"泛指所有"逆淘汰"现象,即劣胜优汰。早在公元前2世纪,西汉政治家贾谊就曾指出"奸钱日繁,正钱日亡"的事实。这里的"奸钱"指的就是劣币,"正钱"就是良币。信息不对称是大多数"劣币驱逐良币"现象存在的基础,只有当事人对事物的价值认识更清楚时,才可能避免这种现象的发生。不对称信息理论的开创者是美国经济学家乔治·阿克洛夫,他是2001年诺贝尔经济学奖获得者。有意思的是,他的开创性论文曾被认为"肤浅"而先后遭到多家权威刊物的拒绝。几经周折,这篇论文才得以发表,并引起巨大反响。价值存在是一方面,如何让人们了解其价值,无疑同样重要。

> **开个脑洞**　为什么只有人类那么爱甜食？"蜂蜜"为什么曾是所有甜味的代名词？枫糖是一种什么糖？巧克力是怎样被发现的？"可以吃的肥皂"又是什么东西？

你尝到的甜到底是什么甜

甜是人类独有的软肋，嗜甜史就是一部人类的进化史。

20世纪40年代，西方生理学家做了一项测试，证实人类是地球上唯一爱好甜食的高等动物，再没有另一种生物像人类那样嗜甜如命。据说鲁迅酷爱吃甜，两年里在稻香村买了15次甜食，每月从教育部领了工资，立刻去法国面包店买40个奶油蛋糕。

蜂蜜这样的甜是上天的馈赠，也是人类最早接触到的甜的一种，公元前20世纪的苏美尔人对此感激不已。尽管那时他们完全弄不清花蜜、蜂蜜和蜜蜂的关系，但还是很快发现了蜂蜜的神奇疗效。在石碑上，他们用楔形文字刻下了对后世子孙的忠告和箴言：蜂蜜可作为药膏使用。后来，古代中国人也发现蜂蜜中的矿物质元素、维生素和各种酶能促进人体对药物的吸收。中医用蜂蜜将中药制作成黑乎乎的大药丸子，用蜡球封住，蜂蜜中和了药的苦味，吃起来有丝丝甘甜。

在词语匮乏的四千年前,"蜂蜜"象征着带有甜味的所有词,成了万能的褒义词,只要是跟"好""美"沾边儿的事物,都被形容成"蜂蜜"。苏美尔的泥版雕刻上刻着:新郎如"蜂蜜般甜美",新娘的吻"比蜂蜜更芬芳",洞房里"满是蜂蜜"。可是他们并不知道,蜂蜜其实是蜜蜂的呕吐物。

蜜蜂酿蜜时,呕吐是其中最重要的环节。蜜蜂蹲在花蕊中,进行20多次的吸吐,将花蜜中的水分去掉一半。花蜜被蜜蜂吸入蜜囊,类似于唾液腺的器官再分泌出酶,将花蜜中的蔗糖分解为葡萄糖和果糖。采完蜜的蜜蜂飞到蜂巢内的指定区域,将花蜜都吐出来。留守巢内的蜜蜂再对这些花蜜进行加工——吸入,吐出,再吸入,再吐出。蜜蜂的口器能够神奇地感觉出葡萄糖和果糖的浓度,待到花蜜中的蔗糖被分解完时,蜂蜜才算酿好了。

在蜜蜂迟迟没有出现的北美大陆,上天赐予这里另一样带有甜味的礼物——枫糖糖浆。

大约一千六百年前,印第安部落的战士们把战斧劈进了长着五角形枫叶的枫树里,树干中流出汁液的轻微甜味让他们欣喜不已。他们用斧头劈出一个小小的楔形木头,撑在树干的刀口上,下面用一片榆树皮当容器,接住枫树流出的汁液。夜间的低温让树汁中的水分在表层结起一层薄薄的冰,这就是最原始的提纯。反复多次,树汁的颜色越来越金黄,质感也日渐浓稠,最后就成了枫糖糖浆。印第安人把枫糖糖浆糅进熊的脂肪,或拌入玉米粉中,做成长途跋涉时吃的干粮。

发现新大陆的欧洲人同样发现了枫糖的秘密,不过他们的提纯原理恰恰与印第安人的截然相反。枫树树汁在承载容器中加热,随着水分蒸发,糖浆逐渐浓稠。这种糖浆的制作方法虽然简单,效率却并不太高。只有树龄四十年以上并且树干直径超过25厘米的枫树才有含糖量可观的树汁,而且取汁量不能超过树汁总量的10%,一般40公斤的枫树汁液只能加工出1公斤的枫糖。

直到很多年后,欧洲人才第一次吃到了真正意义上的"糖",那时候蔗糖还属于奢侈品。公元前5000年,古印度人从甘蔗里尝到了甜头,就异想天开地把甘蔗榨成汁,加火熬煮。锅底出现的团块状"暗黑物质",就是最原始的蔗糖。唐代的中国人又在熬煮的糖水中加入石灰、黄土和蛋清吸收杂质,这样就诞生了最接近现代意义的"白糖"。

18世纪,可可粉是一种广受欢迎的调味粉,在慕斯蛋糕上撒薄薄一层,或是在吃意大利面时作为酱料。一天,英国的托马斯·凯基在烘干可可粉时烘过了头,粉末熔化成了深褐色的黏稠液体。凯基把熔化的液体涂抹在树叶上,冷却后就成了世界上第一块巧克力。

凯基剥下一整片巧克力放到嘴里咀嚼——粗糙、酸涩,像一片苦药。巧克力中的生物碱有提神效果,尽管并不算是享受,但那时的英国人在一大早赶着出门时,仍然会皱着眉含上一片。直到1847年,英国人弗莱终于弄懂了可可脂才是让巧克力顺滑的关键,他还在可可粉里加入糖来调味。29年后,瑞士人亨利·奈斯勒终于研制出占领市场的"牛奶巧克力",不过他添加的不是牛奶,而是奶粉。

牛奶巧克力也分"英式"和"美式"。美国人喜欢用奶粉,兑上脂肪消化酶,让其风味更接近于奶酪;英国人爱用纯牛奶,加糖熬煮、浓缩后再兑入纯巧克力,如此一来,巧克力里还带上了一点儿焦糖的香气。两者的口感有轻微不同,美式巧克力的代表是主打丝滑口感的"德芙",英式的则是打纯牛奶牌的"吉百利"。

白巧克力是巧克力中的异类,其中并不含有可可粉,只含有淡黄色的可可脂。为了方便可可脂结晶,白巧克力中加入了大量糖分,吃起来满嘴糖味。因此很多国家甚至不承认它是巧克力,戏称它为"可以吃的肥皂"。松露巧克力也不是真正的巧克力,而是用廉价的植物油脂改造的代可可脂制品,不管包装上印着多么具有噱头的"纯手工,纯天然",它都不能算是巧克力。

　　味蕾在人类文明的后期开始加入了工业革命的想象力。正是人类在工业文明中对甜食的各种不靠谱想象，促使它们变成了现代人戒不掉的零嘴。

　　当人们的追求已不止于甜，弹软的"口感"便成了新的目标。中国传统的"高粱饴"、欧洲的"土耳其软糖"给了人们制作具有弹软质感糖果的灵感。食品成分表中的凝胶、明胶、果胶都不是化学制剂，而是纯天然的提取物：凝胶来自谷物，果胶来自水果，明胶来自动物皮骨。加入它们制成的软糖有的软嫩易化，有的富有嚼劲。而软糖的精华其实并不在于"糖"，其本质只是加了糖的凝胶。

　　口香糖的最初用途是药用——给下颌受伤的患者做咀嚼运动，用来活动下巴。纽约人托马斯·亚当斯发现了一种弹性特别好的树胶，他往里面加上糖和甘草，做成可以反复咀嚼的甜食。随着口香糖的受宠，树胶不够用了，人们又研发出人造橡胶，它的成分与轮胎相同，不过还好——它们完全没有毒。（文/翁佳妍）

> 　　在对甜味的开拓中，人类一直孜孜不倦。我们早已不再满足于造物主的甜味馈赠。想必古人今人都从充满元气的日常生活中发掘喜悦，就像人们有意无意地制造各种各样的甜食，以度过微不足道的人生。但同时，人们也建造巴别塔，登上月球。而诸如此类的积累，我们便称之为文明。

 芥末在甲骨文时代已经出现了吗?孔子也对芥末情有独钟吗?让鼻窦爆炸的芥末味究竟从哪儿来?为什么说没有什么毛毛虫是一座孤岛?

就是这种味儿,能让我们从睡梦中惊醒

孔子整整衣裳,抓起筷子,挑起眼前的生鱼片,蘸上芥末酱,送入口中。感受鱼肉细腻地在唇齿间徘徊,芥末的鲜辣在口腔中激荡,他老人家心中不禁呐喊:"啊,好吃!"

咦,画风好像不太对。不过,这的确可能是孔老夫子的真实经历。要知道,他曾郑重地叮嘱过学生们"食不厌精,脍不厌细"和"不得其酱,不食"。吃生鱼片要蘸什么酱呢?《礼记》告诉我们:"脍,春用葱,秋用芥。"没错,秋天要用芥末酱。就是那种每吃一口都仿佛在呐喊着"燃烧吧,让鼻窦爆炸"的芥末酱。

说起来,吃芥末酱算是真正的华夏传统。"芥"这个字在甲骨文中就已经出现,后来更是在白居易的诗、苏东坡的文字中一路担当生鱼片的最佳搭档,是宋朝人最爱用的腌菜酱料。

此外,它同样得到了国际友人长久的钟情。古希腊科学家毕达哥拉斯曾用气

味独树一帜的芥菜籽去解蝎子毒。后来,西方的"医学之父"希波克拉底拿它来治蛀牙。再后来,古罗马人也开始用芥末酱配肉吃了。

想到如今最常见的玉米、土豆、辣椒这些食品,都是明代晚期哥伦布到访美洲之后才传过来的,而《诗经》里的许多蔬菜已无迹可寻,就知道芥末能陪着我们这么多年,是有多么不容易了。只是,正如我们曾经说过的那样,"五味"是自然给人类发出的信号:甜是营养苦是毒,蛋白质鲜昆虫补。而像芥末这种能随随便便把人呛个半死的辅料,是大自然在存心跟我们过不去吗?

日本曾有科学家研发过专为听障人士服务的烟雾报警器,他们测试了臭鸡蛋、薄荷等一系列刺鼻气味,最后中标的还是芥末。与传统的五味不同,芥末的辛辣味源自十字花科植物(比如芥菜籽、辣根、山葵和它的辣亲戚们)蕴含的硫代葡萄糖苷,这种物质能刺激神经细胞表面的某种蛋白质,搞得细胞如临大敌,向大脑发出紧急求救信号。于是,人们嘴巴刺痛,鼻腔灼烧,双眼含泪,在餐桌前泣涕涟涟,却欲罢不能。也因此,它是唯一一种能在2分钟内令听觉严重受损之人从睡梦中惊醒的气味。

硫代葡萄糖苷又叫芥子油苷,对很多生物来说是致命毒物。直到前不久,科学家们才确认了它的身世:这是十字花科植物与毛毛虫千万年来难分难舍的明证。如果没有毛毛虫,我们就体会不到如今芥末的这一独门辛辣味儿。

说起来,它们的"孽缘"从恐龙还在这个星球上称王称霸的年代就开始了。8000万年前,十字花科植物的祖先第一次在身体内合成出了硫代葡萄糖苷。这种防御性毒素能轻松撂倒当时的大部分昆虫,从而让自己免于被吃。然而,1000多万年后,十字花科植物命中的冤家出现了:一些蝶类幼虫的体内进化出了针对芥子油苷的解毒物质。

就这样,这群毛毛虫欢快地啃着这些其他昆虫无法接近的有毒植物,日日饱餐,直到更强烈的升级版芥子油苷被合成出来。

就像一场恋爱，十字花科植物问："我要提新的要求了，你敢不敢接盘？"毛毛虫答："敢！"于是转身修炼，1000万年后回来，再度征服老相好。再过1000万年，十字花科植物又生了气，聚拢更多毒性，再上演一次缠绵的格斗。两者斗气1000万年，相好1000万年，如此往复，世世代代，相互依存。

在最近这8000万年中，这样的大进化一共出现了3次。芥子油苷努力突围，搭配不同口味的毒素，硬生生演化出了120多种类型的口味，有的火辣辣，有的带点儿苦。按照科学家的说法，这是植物制作的"华丽炸弹"。

所以，如果翻译一下，芥末酱的味道实际是十字花科植物在警告任何胆敢把它放入口中的生物："想吃我？让你感受一下爆炸的味道！"

可惜，时光流逝，除了昆虫，地球母亲又新推出了一款直立行走的无毛两足动物，人家捡起来一尝："呀，爆炸的滋味，这辣爽！"

可不巧，硫代葡萄糖苷毒不到人类。相反，它的辛辣令人类蜂拥而至，能刺激食欲，能治蛀牙，还能通便。芥末君的祖先们与毛毛虫竞争多年练出的一身本领，如今启发了医学之父，感动了孔圣人，使诗人着迷；而千千万万的普通人，在记忆所能溯及的地方都与它相随相伴，哪怕被辣得鼻孔朝天，也无怨无悔。只是没什么人知道，它们长成如今这样，并不是为了我们。（文/黄昉苨）

> 竞争是进化论的核心。任何生命的终极目标就是打败同伴，把自己更利于生存的基因传下去。但竞争并不妨碍生物体之间的相互合作，也许这才是生命的主旋律。没有人是一座孤岛。一棵树、一只动物也许都不是自然状态，所有生命或许更习惯相互扶持，共同成长，因为团结就是力量。即便是矛盾冲突，最后又何尝不是一种内在的帮扶呢？

> **开个脑洞**
>
> 为什么我们总觉得自然的食物更好？肉鸡比柴鸡真的更有营养吗？人工驯化是怎样一种筛选过程？所谓自然的生活方式，早已消失了吗？

食物——人工的究竟糟在哪儿

一种广泛存在的迷信是，野生的动物更好，不但味道好，营养也更均衡。人工饲养的则不好，养鸡场大量快速生产的肉鸡不但不好吃、没营养，吃多了还有害。即使吃不到野生的，也要吃半野生的，比如柴鸡，虽然贵点，但总算不是完全由人工饲养，多少还有一些自然因素——不吃饲料，自己去找虫子吃。

虽然严格的对比测试根本不支持柴鸡比肉鸡更有营养的说法，甚至证明，肉鸡比柴鸡更有营养、更卫生、更可靠，但坚信柴鸡好的人，还是愿意花更多的钱去买柴鸡。分析他们的心理，无非是不信任人工制品，而盲目信任所谓"自然产物"。

然而，一部牧业史、农业史，就是一部野生动植物驯化、培育的历史。如果没有这些驯化、培育，只是获取自然产物，根本不可能有文明社会。幸好这些迷信者只是和肉鸡较劲，如果把这种较劲也扩展到植物，他们会发现，除了很快饿死，根本别无他法。

　　小麦、玉米、水果这些农作物其实都是驯化培育出来的。它们与原来的自然野生形态大不相同。野生小麦在麦粒成熟以后，麦秆必须能够自动脱落，让种子落到地上，这样才能生根发芽。如果麦秆不脱落，种子不落地，就不能生根发芽，只好灭绝。但人类偏偏就需要那种麦秆不脱落的小麦，这样才便于收割。如果不等收割，麦粒就纷纷落地发芽，农夫非气急败坏不可。于是，极少数基因突变、麦秆不脱落的野生小麦，成为早期人类寻找的目标。找到后，就精心培育，推而广之，让这种"病态"小麦成为多数甚至全部。

　　类似的例子是豌豆。为了传播种子、繁衍后代，豌豆必须在成熟后让种子破荚而出。为此，豌豆演化出了"爆荚"的功能，豆荚会突然破裂，把豌豆"啪"的一声弹到地上，继而生根发芽。这个功能对豌豆来说是繁衍的必需，对人类来说却很讨厌。能收获到的豌豆，当然是那些没有爆荚，依然留在植株上的豌豆。于是，绝大多数符合自然的野生豌豆被弃之不顾。人类专门去找那些少数基因突变的、"病态"的、不能爆荚只能绝种的豌豆，然后大量培育，不但不让它们绝种，还让它们子孙兴旺，生生不息。

2

　　野生的玉米棒子，长度只有一两厘米。本来嘛，不过是个种子，完成传宗接代的任务就行了，干吗要长那么大、那么长呢？但这个种子对人类来说，那么小就没意义了。于是，古代的美洲人到处去寻找稍大一些的野生玉米，然后一代代培育，让它们越来越粗，越来越长。到1500年，印第安农民已经培育出十几厘米长的玉米棒子，而现代的玉米棒子能有足足三四十厘米长。如果野生玉米有知，一定会认为玉米棒子长这么大纯属变态和疯狂，但没办法，人类的需求更重要，玉米的感受不重要。

　　野生苹果直径只有两三厘米，这么小的苹果是没人要的。今天我们在市场中看到的苹果，直径一般有七八厘米，甚至更大。说到水果，其实人类故意让它变大、变好吃还不够，最狠的是人类居然致力于培养无籽水果。这种完全违背自然的要求，却得到包括你我在内的消费者的热烈支持。如果买到的香蕉不是全肉无籽的，而是一咬一嘴香蕉籽，你一定会气愤地回水果摊去要求退货。不仅香蕉，人类还以大无畏的反自然精神培育出了无籽柑橘、无籽葡萄和无籽西瓜。声称敬畏自然的人很多，却从没见到尊重水果、专吃籽多的西瓜的人。

所谓自然的生活方式，其实早已经消失了。人类的生活，至少上万年以来，就已经建立在"以人为本、改造自然"的基础上。今天的人们认为"符合自然"的那些生活方式，其实也都是人造的产物。全麦面包并不比精粉面包更自然，去果园采摘苹果，也算不上返璞归真。真实的情况是，我们只能在这种或那种人工方式间做出选择，而并不存在人工或者自然的选择。（文/李子旸）

智识情报站　一个人为什么要努力？一个很好的答案是，我们获得了更强的生存本领之后，会拥有更多选择的机会。选择在某种程度上意味着自由，当然，选择太多也会让人不知所措，甚至落入错误信息的陷阱。这就是现代社会给我们提出的挑战。比如面对食物，做什么样的选择，其实可以归结为两个非常重要的问题：你想要什么样的生活，做一个什么样的人。这可能是我们一生都要思考的问题。

> 开个脑洞
>
> 吃货之所以是吃货，可能只是用错了餐盘？使用瘦高酒杯，能让我们少喝酒吗？只要食物唾手可得，你就会多吃？餐厅里有没有所谓"不健康座位"？

少吃可以吗？"但我身不由己啊"

吃货之所以成为吃货，可能只是在错误的地点，用了错误的餐具。

餐具的颜色，食物的储存位置，公勺的大小，都会影响你的饮食量。盘子的颜色似乎是个无关紧要的问题，但康奈尔大学的研究团队发现，如果你用了和食物同色的盘子，就会不知不觉中盛得更多。在一项研究中，食品科学家布莱恩给60个人提供免费的红酱意面和白酱意面，并随机分给他们红色或白色的盘子。结果，盘子和意面同色的人，平均比不同色的人多盛了18%的食物。布莱恩认为，颜色对比法可以用来控制食量：如果你要盛富含淀粉的浅色食物，如面条、米饭，备些深色的碗碟就能帮助减少食量。

由此，布莱恩对寻找"健康厨房"的特征产生了兴趣。他的团队研究了230个家庭，调查了每户居民的体格状况，拍下了厨房的方方面面，详细记录了厨房布局、食品柜和冰箱内容，以及料理台的混乱程度之类的信息。随后，他们花了8个

月的时间来分析这些数据到底跟主人的胖瘦有无关系。

不出意外,把食物收纳到橱柜中,还是随意摆在料理台上,简直就是不良饮食习惯的指示器。把薯片收进柜子的女主人,比放在外面的平均轻了3.6千克。这很好理解,这种香脆可口的零食进入视野的次数越少,你就越少在可吃可不吃的时候嚼上几片。

关于早餐麦片的数据更为惊人:无论看上去怎样营养健康的全麦麦片,只要女主人没有将其收入橱柜,她的体重平均就会高出9.5千克!这种顶着健康光环的食物,热量似乎更容易被低估。但这点对于男人的影响似乎非常有限,或许因为色彩鲜艳的包装提不起男人的兴趣,也可能仅仅是因为他们太少待在厨房了。

更为隐秘的法则还存在于分餐的方式中。一些家庭喜欢把所有菜都摆在大桌子上,而另一些家庭则要求成员们去厨房盛自己的那一份,再端到餐桌上吃。布莱恩发现,前一种家庭比后一种平均多消耗了19%的食物。

道理就是这样,只要食物唾手可得,你就会不自觉地多吃,而如果你乐意起身多走几步去拿食物,就表明你的确没吃饱。当然,对于多多益善的深色蔬菜以及水果,或许最好的做法是摆在餐桌正中央,或者放在冰箱中层最显眼的位置。

食物只是减肥大敌之一。如果你喜欢小酌几杯又害怕喝多,下面的法则能让你少喝一点。布莱恩曾经邀请85名葡萄酒爱好者来到实验室,随机发给他们不同形状的杯子,然后记录他们倒酒的量。他发现,对倒酒多少的感知,更多取决于酒的高度,而非酒杯的直径。对于相同体积的酒杯而言,使用瘦高酒杯的人,平均比使用矮胖酒杯的人少倒12%的酒。

另一个有趣的事实是,俯视玻璃杯时酒看上去会更多。对于葡萄酒杯来说,站着把酒倒进放在桌上的杯子里,比你拿起杯子往里倒,平均会少12%。从这个角度来说,使用倒酒器不光能让你更优雅,还能让你少喝一点。

颜色对比法则在此处也同样适用:由于白葡萄酒比红酒颜色更浅,人们会不自觉地多倒出9%的白葡萄酒，无论用什么杯子都一样。就算是经验丰富的酒保，也没法逃出这些视觉陷阱。布莱恩曾走访了86个调酒师，结果显示，使用矮胖的平底玻璃杯时，总要比瘦高的杯子多倒出32%。

酒保们对结果感到震惊。但事后让他们重新倒一次的话，结果还是差不多。这也印证了布莱恩的另一个重要结论：别以为你知道了这些错觉的存在，就能避免或者利用它们。在嘈杂的现代生活中，人们总是会掉入下意识行为的陷阱。幸运的是，你可以有意识地通过设计环境来规避一些陷阱。

比如，在餐厅法则中，座位的选择是问题的关键。布莱恩在一项研究中，走访了几十家餐厅，并且绘制了平面图，标明每张桌子的位置，餐桌离窗户和入口分别有多远，采光如何，是靠近过道还是在无人打扰的角落，是不是靠近厨房、吧台、卫生间，还是电视机，等等。食客就座后，他们会跟踪记录每桌客人都点了什么。

那么，有没有所谓"不健康座位"呢？尽管结论还很初步，但确实有一些奇妙的相关性。比如说，坐在窗边或是采光好的座位上的人，更倾向于点低卡的沙拉。而那些被安排到灯光昏暗的座位上的，似乎更偏爱油腻高热的食物，而且容易点得过量。同时，坐得离入口最远的顾客，消耗了最少的沙拉，点甜品的概率则比其他人高。座位距离吧台两张桌子以内的顾客，平均每人比坐得更远的顾客多喝三杯啤酒或酒精饮料。你坐得离电视屏幕越近，点油炸食品的可能性就越大。

布莱恩为其中的一些现象做了初步解释：昏暗的光线会让你在视觉上对食物的分量不甚敏感，而且降低了罪恶感。窗外的阳光、行人和草木则会激发你对身材的关注，以及对健康生活方式的向往，即使面对一盘沙拉也觉得秀色可餐。同样，坐在吧台旁边会让你觉得多点一杯酒是理所当然的，而电视节目则会分散精力，让你没有慎重考虑就点了热量超高的零食。跟舒适的卡座相比，高脚椅上的空间极其有限，身体无法慵懒舒展或许会令你更加自律，而这也最终会表现在你选择的食物上。

但话说回来，坐在餐厅靠里的一个昏暗角落，到底是你点甜品的因还是果呢？肥胖嗜甜的人，也许本身就对这样的座位情有独钟，或者仅仅是因为服务员会出于习惯，把体形偏胖的人安排在这里。不过，记住一句箴言是没错的："如果你想要变瘦，就像瘦子一样生活吧。"（文/猫　乱）

　　我们当下的行为之所以如此，而不是另外一种情形，似乎是受我们的意识支配的。实际上，很多时候，前一秒决定好的事，在做的一瞬间，我们却完成了根本未经思考的行为。这就是说，我们无时无刻不受环境、具体场景和下意识的影响。这也间接说明了习惯的重要性，我们在成长的过程中，应该有意识地养成好的习惯。如此，我们才能有效地避免干扰，学会利用环境因素，让自己更好地支配自己。

歌剧演员为什么总是比较胖？胖瘦真的影响我们的歌声吗？为什么瘦不容易让人笑，胖却容易？演员观感不佳，歌声还美吗？

看还是听，要腰围还是要声音

很多人都知道中国有个典故，叫"楚王好细腰，宫中多饿死"。幸亏这只是帝王个人的嗜好，如果把这种嗜好当作标准的话，那么至少歌剧可能将会绝种。不能否认，很多歌剧演员的腰围常常出人意表地丰腴，这好像已成为行业的标准。

或许对不太接触歌剧的人来说，第一次看见歌剧演员像罗马廊柱式的粗大腰围会感觉有损美感。但看惯了舞台上的大胖子也就习惯了，甚至觉得吨位越重，越能远航，而瘦骨嶙峋的反而会替他担忧，如此瘦小的身板，是否压得住水位？著名的录音师弗里德·盖斯伯格在20世纪上半叶曾经为许多著名的歌唱家录过音，他很快就发现，最响亮的声音常常出自最庞大的身躯。于是，他得出一个结论，人的身体就像乐器一样，共鸣箱越大，发出的声音也就越是响亮。

但理论毕竟只是理论，观众是不会去关心这种东西的。就像威尔第说的那样："观众花钱来剧院，就有喝倒彩的权利。"但威尔第这句颇为大度的话，结果

砸中的正是他自己。1853年，他的歌剧《茶花女》在威尼斯首演时，是一场著名的惨败。威尔第估计也不曾意识到，由于角色分配的不当，肥硕的女高音范妮·萨尔维尼-多那特利来饰演消瘦孱弱、楚楚动人的薇奥莉塔，结果引来了观众阵阵的笑声，他们无论如何也不理解，一个即将死去的肺痨患者竟然长得如此丰满性感。而这种强烈反差所带来的视觉恼怒，还不止这一次。即使是20世纪最卓越的意大利花腔女高音路易莎·泰特拉齐尼在伦敦演出这部歌剧时，由于过于肥胖的身材，也导致一个评论家不客气地攻击说："茶花女看上去仿佛是患水肿而不是肺结核。"这种毫不客气的评论使得泰特拉齐尼的拥护者反驳说："有些人只看重身材，但我们只看重声音。"

观众，包括评论家的这种情绪，有时也会影响歌剧从业者的心态。美国著名瓦格纳女高音德博拉·沃格特，在2004年体重曾达到159公斤，也正是因为如此，她惨遭伦敦皇家歌剧院解约。痛失演唱资格的沃格特并不服输，下决心减肥。她悄悄去美国纽约做了胃绕道手术。这个手术让沃格特的胃缩成了一个"小袋子"。仅仅几个月的时间，她就减掉了45公斤，4年后重新回到了歌剧舞台。

从审美的角度看，歌剧演员过于肥胖，的确会带来一些出人意料的尴尬效果，甚至笑场。据史料记载，在贝多芬去世时，在葬礼队伍中执火炬的意大利著名男低音路易吉·拉布拉凯是个身高达一米九、体重达300磅的大个子。他曾在歌剧中扮演一个地牢里的囚犯，在被带入地牢时，他唱的第一句歌词是"我正在挨饿"，引来观众哄堂大笑。当年正是剧场臭鸡蛋、烂苹果满天飞的年代，不知是否有观众乘机扔个烂苹果犒劳一下这个正在挨饿的大胖子。

相对来说，卡拉斯还是比较明智的，当年体重达200磅的卡拉斯在美国大都会歌剧院试唱时，剧院经理建议她唱普契尼的《蝴蝶夫人》，被卡拉斯当场拒绝。聪明的卡拉斯怎么会不知道这种体格如何能驾驭的了柔弱纤细的东方女子。

惊人的食量，也是歌剧演员成为大胖子的原因。毋庸讳言，歌剧演员的贪吃仿佛是一种职业需要，很少听说歌剧演员在餐桌前会自我节制的。演员在演出时的体力和脑力运动会消耗大量卡路里，所以总是在演出前后补充热量，以便上台时能更好地发挥。纽约阿斯蒂餐厅的老板说，男高音歌唱家劳里茨·梅尔基奥尔演出结束后随便在餐厅吃一顿便餐，就要了一大盘火腿片、一大盘意大利腊肠、一大碗意大利面。吃完后，再来一盘小山一样的肉和一份沙拉，最后再来一份朗姆甜点，一扫而光。

1986年帕瓦罗蒂第一次来北京演出时，所带的食物够一个意大利村庄的人吃一个星期。对于自己身材为何那么胖，帕瓦罗蒂自有其道理，他说："歌剧演员的神经经常处于紧张状态，有些人以发脾气使它松弛下来，而我是大吃大喝。"帕瓦罗蒂的菜谱是，适量的含热量较低的蛋白质食物（如牛肉、鸡肉）同含淀粉较少的蔬菜（如洋葱、芹菜、胡萝卜）一起煮熟，然后放入冰箱存起来，在吃饭时再加上一定量的大米。这食谱让人觉得像是日本相扑选手为发胖而吃的大杂烩。这种饮食方式能不胖吗？

歌剧演员腰围增大一寸，世界就会多一份美妙的声音，这虽然只是戏话，却不无道理。西班牙女高音卡巴耶腰围如大熊，却能唱出世界上最美妙的歌声。意大利次女高音巴托丽腰大十围，但演唱时声音刚劲汹涌的冲击力也是无人可及。人不可能十全十美，歌剧演员出于职业需要更是无法尽善尽美。如果你实在觉得歌剧演员的腰围有碍观瞻的话，那不妨闭目欣赏吧！音乐是不需要画面的。（文/欧　南）

> 起源于意大利的美声唱法，能够让声音具有超强的穿透力。这也是为什么我们看到的歌剧演员无论是在与仇人厮杀，还是在对情人表白，永远都在"使尽浑身气力"歌唱。把一件事情做到极致，当然需要我们调动所有能够调动的元素，包括将身体调整成需要的样子。完美常被看作虚妄的理想，认真专注尚难以抵达，更何况毫不努力呢？

开个脑洞

月球的正面和背面为什么差异巨大？月球的背面真有外星人活动？月球是空心的吗？月球为什么现在是这样的？以前是什么样的？以后又会变成什么样？

月球的背面有什么

作为地球最亲密的邻居，月球是人类肉眼所能看到的最大天体，陪伴地球已经超过45亿年。月球对地球的自转稳定性、自转周期、潮汐、夜晚照明等有着重要意义。可以说，离开了月球，地球根本不会是今天这种光景。由于地球强大引力的影响，月球也为之付出了一定代价：将它的自转周期减慢为与围绕地球的公转周期完全一样，也就是潮汐锁定。在这种效应下，身处地球上的人类永远只能看到月球的正面。

正因如此，人类在探索月球的历程中，关于月球背面的阴谋论和谣言甚嚣尘上。有人说，霍金告诉我们月球的背面有外星人；有人说，在月球背面发现了很多在百慕大失踪的船舶；有人说，阿波罗登月是在摄影棚里面拍摄的；还有人说，月球是空心的。这些都是真的吗？

很多人会好奇月球有多大。实际上，月球相比地球还是很小的，月球的直径大约是地球直径的1/4,而月球的表面积相当于中国陆地国土面积的4倍。月球虽然不大,但与其他那些围绕着行星的卫星相比,它与地球之间的大小是最接近的,其他卫星往往要比它们所围绕的行星小得多。

月球上有三个主要的地貌单元:月海、月陆和环形山。月海中是一些玄武岩的岩浆冷却之后形成的黑色石头。月陆是由白色石头堆积而成的,是更古老的斜长岩。环形山是月球表面遭到撞击后留下的坑,表明月球在历史上遭受了很多小天体的撞击。

以前人们认为,月球上是彻底无水的,是一个完全干燥的天体。但现在,科学家认为月球可能是潮湿的。特别是在月球南北极的深坑里,在太阳永远照射不到的地方(即永久阴影区),可能会有水冰。人们还曾认为,月球已经完全冷却了,但现在科学家发现,月球内部可能仍然有一些温热的地方。以前人们认为,月球在30亿年前就已经僵死了,但现在科学家发现了月球上最年轻的岩浆活动,距今只有几百万年,这表明月球内部的能量并没有衰减得那么快。

月球到地球的距离有多远呢?38万千米,但这是平均距离,它们之间最近的时候是36万千米,最远的时候是40万千米。也就是说,我们看到的月光,实际上是一秒多钟之前从月球上发出的。再打个比方,如果把水星、火星、金星、木星、土星、天王星、海王星这些行星,全部排到月球和地球之间,刚好可以填满地球到月球之间的距离,这大约就是38万千米的距离。

月球的背面和正面有很大的差别,主要体现在三个方面:一是月球背面的月壳更厚;二是月球背面形成的时代更古老,撞击坑更多;三是月球背面的月海数量更少,整个月球上有22个,而月球背面只有3个。

那么,究竟是什么原因造成了月球正面和背面的差异?这也是科学家想要探究的一个问题。整个太阳系中最大、最深的盆地,被称作"南极-艾特肯盆地"。这个盆地虽然直径达到2 000多千米,深达13千米,却没有大规模的岩浆喷发。因此,科学家希望通过航天器获得的探测数据,来研究这个独特的地方。

神秘的月球背面也为人们探索宇宙创造了条件。中国科学院国家天文台在贵州建设了世界上最大、最灵敏的单口径射电望远镜——"天眼",这实际上是从微波波段来探测宇宙的工具。在地球上探测宇宙,会受到地球上很多无线电噪声的干扰,而月球背面就大不同了,因为地球上的无线电噪声是无法穿过月球到达月球背面的。所以,月球背面是一个电磁波宁静区。如果在那里架设射电望远镜的话,我们就可以接收到宇宙中更暗弱的信号,听到宇宙中那些微弱的"呼吸声"。

1969年至1972年,美国实施了"阿波罗计划",在6次任务中有12名宇航员登陆月球表面,采集了381.7千克月球岩石和土壤样品回到地球。21世纪以来,人们对月球的认知已经有了很大的提高。以前,我们只是将月球作为太空争霸的制高点;而现在,我们把月球当作人类走向深空的中转站。

重返月球现已成为世界各国的共识。欧洲空间局提出了建设月球村的计划,希望借助世界各国的力量,在月球上建设一个国际化的村落,一个共同的月球基地。而美国宇航局认为,可以将月球作为一个演练场,让人类适应在月球上的生活,以此作为开启火星之旅的序幕。

世界各国现在都在为月球基地选址。因为月球上的一个昼夜正好是27天,昼夜温差逾300℃,漫漫长夜里无法利用太阳能发电,无法保暖,对人类的居住是非常不利的。科学家发现,如果能把月球基地建在常年阳光照耀的月球南北极的高山顶上,那就再也不用担忧这个问题了。科学家已经发现了几十个可能的月球基地选址。

1969年,人类首次登陆月球,迈出了人类走向深空的一小步。如今五十多年过去了,还没有人再次登陆过月球,但可以预测的是,人类重返月球的目标已经不远了,而这一次的目标包括在月球上建设科研基地,实践和训练人类在月球上长期生活的能力。如果这项技术得以突破,下一步人类一定会登陆火星,因为火星是太

阳系里与地球环境最为相似的行星，是目前所知的唯一有可能实现人类大规模移居的星球。（文/郑永春）

> 对月球这个我们既熟悉又陌生的事物，人类充满了幻想，从而诞生了各种神话和臆想。我们显然就是这样认识事物的，从异想天开到实事求是，这是科学工作特有的风格，也是人类认识世界的固有方式。科学的使命就是探索未知世界，月球只是我们探索深空的起点，人类对太空的探索将永不会止步。我们对待其他事物也一样，只有深入才有发现。

> **开个脑洞**
>
> 种水稻还是种小麦,也会影响思维吗?为什么东方人重视集体,而西方人强调个体?东西方思维方式的差异是怎么产生的?对细菌的反应让我们成为东方人吗?

东西方思维方式差异之谜

美国人霍勒斯·卡普纶于1871年首次来到北海道,他在广阔的大草原、林间空地和危险重重的黑暗山脉中寻找人类的生存足迹。他在描述这段经历时写道:"这片广袤的土地一片死寂,看不到人类的足迹,也听不到鸟类或其他生物的鸣叫。这是一片美丽富饶的土地,但难以想象的是,作为世界上最古老、人口最密集的国家之一的日本仍然保留着这片像非洲沙漠一样杳无人迹的区域。"

当时的北海道就像美国西部的荒野一样,它是日本最北部的岛屿,汹涌的波涛把北海道与日本最大的岛屿本州岛分隔开来。勇于跨越这道屏障的旅行者要忍受这里严寒的天气,越过崎岖的火山山脉,还要面临荒野中遭遇猛兽的危险。当时的日本政府对这片土地基本上放任不管,只有当地土著阿伊努人在这里通过狩猎和捕鱼艰难生存。

但这一切在19世纪中叶发生了变化。由于担心俄罗斯人的入侵,日本政府决

定收回这片北国土地的管理权,招募武士前往北海道定居,并请了卡普纶等美国的一些农学家指导移民开发农业,农场、港口、公路和铁路如雨后春笋般出现,在70年的时间里,这里的人口从寥寥几千人发展到了200多万人,在新千年到来之际,人口数量已达到近600万。

如今,生活在北海道的人们已经不再需要去征服旷野。但心理学家发现,相较于生活在仅仅54千米之外的本州岛人,开拓边疆的精神仍然影响着北海道人的心理和思维方式。北海道人更具个人独立精神,他们渴望成功并为此感到骄傲,他们有更多的抱负,与周围人的交往却更少。如果做比较的话,他们的认知模式更接近于美国人,而不是日本其他地方的人。

之前,科学家在很大程度上对思维方式的全球多元化一直有所忽略。2010年,发表在《行为与大脑科学》上的一篇文章称,绝大多数心理学测试的受试者是"西方化的、受过教育的、工业化国家的人",其中近70%都是美国人,并且大多数是希望通过参加这类实验获得一些零用钱或抵用学分的本科学生。

以这些受试者为代表,基本上所有人的思维方式都是一样的,至于西方人思维模式中的偏向性并不重要。然而,来自其他文化人群的研究表明,事实并非如此。比如"崇尚集体精神"和"强调个性发展"是东西方认知模式最明显的不同之一。虽然有许多例外,但一般来说,西方人更倾向于强调个人主义,而来自如中国、日本或印度等亚洲国家的人,则更倾向于注重发扬集体精神,强调集体主义。

在许多情况下,这种差异产生的影响是广泛的,当被问及人们的态度和行为时,西方社会的人更多表现出个人主义的价值观,他们将个人成功的重要性置于集体的成功之上,因而他们更加自尊自强,更加追求个人幸福。在个人价值至上的社会中,人们更加重视个人的选择与自由。但这种对自我价值的渴望同时产生了过度自信,许多实验表明,一些心理实验的参与者可能会高估自己的能力,例如,当被问及他们的个人能力时,94%的美国教授会称自己的能力"高于平均水平"。这种自我膨胀的趋势在东亚地区的受试者中几乎是不存在的,事实上,参与者在某些情况下还有可能会低估自己的能力,而不是自我价值感的过度膨胀。

最重要的是,我们的社会价值取向似乎还延伸到我们思维方式的一些最基本方面。例如,在注重集体主义的社会中,人们更倾向于从"整体"角度思考问题,更关注人际关系和环境、情境;而在强调个人主义的社会中,人们更注重一些独立的因素。举个简单的例子,假设你看到一张图片,图中一个高个子似乎在恐吓一个小个子,如果没有其他任何附加信息,西方人更有可能关注的是人物特性,比如大个子可能是一个脾气不太好的人;但倾向于整体思考的人,会想到这两个人之间的关系,也许这个令人生畏的大个子是矮小之人的老板或父亲,两人之间可能发生了一些不愉快。

这种思维方式也延伸到我们对无生命物体的归类方式。假设你被要求在一组名词中选择两个相关词汇,如"火车、公共汽车、铁轨",你会怎么选?这被称为"三联实验",西方人可能会选择"公共汽车"和"火车",因为它们是一个类型,都是车辆。而整体思维的东方人会说"火车"和"铁轨",因为他们关注的是这两者之间的功能关系。

这种思维方式的差异甚至可以改变你的视觉认知。在一项眼球追踪调查中发现,来自东亚的参与者会花更多的时间观察图像背景,而美国人则倾向于更多关注图片的主焦点。有趣的是,这种区别甚至还出现在日本和加拿大儿童的绘画作品中。"我们所看到的,或者说是我们视觉感知的不同,决定了我们生活在一个不同的世界里。"哥伦比亚大学的约瑟夫·亨里奇解释道。

虽然有人称,我们的社会认知取向可能有遗传因素的影响,但迄今为止的证据表明,它更多的是从其他人那里获得的后天习得。

那么,东西方思维方式的差异是如何形成的呢?比较明确的一种解释认为,随着时间的推移，不同地区的人逐渐形成一种占主导地位的人生观。有专家指出，西方哲学强调自由和独立，而东方的一些传统哲学强调天人合一与道法自然。因此毫不奇怪，这些观察世界的不同方式和观念已深深植根于当地的文化和教育中，对当地人的基本心理产生了很大的影响。

美国是一个奉行个人奋斗精神的典型西方国家。西方的扩张与探索精神培育了人们的独立精神，每一次的旷野探索都是一场为生存而战的战斗。最近的心理学研究结果也与这一理论相符合，美国边境地区的一些州，如蒙大拿州，在个人开拓奋进精神的测试中通常得分更高。

北海道的案例研究同样引人入胜。像大多数东亚国家一样，日本更倾向于集体主义精神和整体思维模式，但快速向北部地区迁移的行动与美国当年的西部开发热有可比之处。如果自愿定居的理论是正确的，那么北海道的开拓者应该比日本其他地方的人拥有更加独立的开拓精神。与其他日本岛屿居民相比较，北海道人更注重独立和个人成就的价值，不太在意其他人的看法。在一项表达对社会问题看法的测试中，要求测试者参与讨论棒球运动员使用兴奋剂的问题，来自其他岛屿上的日本人更有可能会探讨一些影响因素，比如想要获得成功的压力等，而北海道人更有可能直指运动员的品格或道德缺陷。这一测试再一次表明，北海道人在这个问题上的思维方式更接近于普通美国人。

另一种理论认为，东西方不同的思维模式和心态是进化过程中对细菌反应的结果。英国华威大学的科里·芬奇和他的同事对全球流行病学数据分析后发现，不同区域个人主义和集体主义思维方式的区别似乎与疾病患病率相关：疾病感染率越高的地区，集体主义倾向更多，个人主义倾向更少。这一理论的基本依据是，倾向于集体主义的人群在行为中有更多社会规范性，人们更在意其他人的看法，也更顺从和尊重他人的意见，导致人们更明智地避免产生某些可能导致疾病传播的行为。心理学家认为，当人们害怕感染疾病时，似乎会倾向于更多集体主义的思维方式，采取与集体利益更相一致的行为方式。

同时，芝加哥大学的托马斯·塔赫姆研究发现，思维取向似乎与当地的农业生产模式相关。这一判断来自他在中国的经历。在中国北方城市北京游历期间，他发现这里的人们都主动上前搭话；而在中国南方城市广州，人们则更倾向于默默旁观，担心主动搭话会冒犯对方。由此，塔赫姆开始猜测这两种不同心态产生的原因。这种差异似乎与穷富或现代化程度没什么关系，他注意到南北地区主要作物的区别：南部地区以种植水稻为主，而北方主要的农作物是小麦。种植水稻需要更多的合作，这是一种劳动密集型的生产方式，需要横跨许多村庄的复杂灌溉系统；相比之下，小麦种植只需大约一半的劳动力，收成取决于降雨而非灌溉，这意味着农民不需要与邻居合作，就可以独自照料庄稼。

　　这些差异可以转化为更多集体主义和个人主义的差异吗？塔赫姆与中国科学家进行了合作研究，对水稻和小麦产区的1000多名学生进行了整体思维模式测试和"三个一组"等测试，并要求受测试者画出他们与朋友和同事之间的关系图。显然如他所预测的那样，小麦产区的人在个性发展的测试中得分更高，而水稻种植地区的人们在测试中则倾向于更多的集体主义精神和整体思维方式。"即使是同一个县里的人，一个村庄种植水稻，一个村庄种植小麦，仍然能够发现这种文化观念的差异。"他在印度的测试也得到了类似的结果，显示小麦和水稻种植地区的人们思维模式有着明确的差异。当然，被调查和测试的人并不直接参与农业生产，但他们所在地区的历史传统仍然在影响和塑造着他们的心态和想法。

　　另外要强调的一点是，以上所述东西方思维方式的差异只是广泛而普遍的趋势，并非那么绝对。爱丁堡大学的人类学家德尔沃·侯赛因与梅索迪一起参与了对伦敦孟加拉裔群体的研究。他指出，东西方国家之间有着许多历史悠久的联系，这意味着一些人会跨越两种思维方式之间的界限，而年龄和社会地位等因素也会对人们的认知模式产生一定的影响。（编译/方陵生）

越来越多的案例研究表明，社会环境影响塑造着我们的心理和思维方式。从东西方之间的巨大差异，到美国各州之间的微妙不同，越来越清楚的是，历史、地理和文化以令人惊奇的方式，改变着我们的思维方式和视觉感知。无论我们生活在哪里，清楚地认识到这些塑造我们思维方式的影响力，可以帮助我们更好地了解自己的思维方式，进而做出不一样的决策。

死亡也会违背法律吗？病毒在极地为什么很可怕？"末日粮仓"是怎样一种事物？环境怎样影响着我们的人生？

这是一座靠北的城，禁止生育与死亡

也许你见识过很多不同的地域风情，了解过许多奇闻怪事，但这个城市还是会令你感到不可思议，它禁止死亡，死亡在这里是违背法律的。这座神奇的城市名叫朗伊尔城，位于挪威的斯瓦尔巴群岛，距离北极点只有1300千米。斯瓦尔巴群岛是挪威的属地，冰岛语意为"寒冷海岸的岛屿"，地处北极圈内，总面积约6.1万平方千米。

作为斯瓦尔巴群岛的首府，朗伊尔城拥有典型的北极圈极端气候，这里的极昼和极夜时间加起来超过了八个月，每年四月中至八月中为极昼，十月末至次年二月中为极夜。有人曾对此调侃：在朗伊尔城，你大可以谈一场"一夜情"，因为等到天亮时，说不定都是3个月以后了。

说是城，但实际上朗伊尔很小，只有两条街。有一个教堂、一个博物馆、一个邮局，还有一两家酒店、餐馆、超市和商店，都是不超过两三层的色彩鲜艳的尖顶低层房屋，更像一个富有极地特色的村庄。

如果你足够细心，应该会发现没有提到医院。在朗伊尔城，医院只是一个拥有八张急救床位的小屋，因为生育和死亡在这里属于违法行为。朗伊尔城规定：只要病人有一口气在，病得再严重都必须离开。除非猝死，否则没有人有权利死在这里。这在朗伊尔城被称为"无死亡"政策，它让朗伊尔城成为全世界唯一"禁止死亡"的城市。

因此，当地的墓地七十年前便不再接受新客户；孕妇在临产前一个月就会被送往挪威其他地方的医院；病人与退休老人更是必须离开朗伊尔城，去往他乡治疗或养老，死后也不能埋葬在这里；就连那些找不到房子或者工作的人，也会被朗伊尔城的最高管理机构下达"逐客令"。

这并非不近人情，而是因为朗伊尔城的地下几乎全是冻土，埋在地下的尸体不会腐烂，细菌也不会死亡。这在无形中就会产生许多病毒，并带来意想不到的严重后果。再加上由于冻土会因冻结而不断膨胀，将地下的尸体不断"拱"出来。对此，每年朗伊尔城都会把早期的墓地重新挖深、整理，防止尸体暴露。

现在行走在朗伊尔城的街头，你会惊讶地发现，本地居民中几乎没有孕妇与老年人的身影，青壮年占了人口的绝大多数，他们的脸上洋溢着勃勃的生机与活力，每个人都有一份正经的工作。这在外人看来，似乎是小城充满朝气的表现，但实际上，这是一种由严酷的生存环境所带来的压力。

每一名在朗伊尔城旅游的游客都会收到这样的告诫：不要到处乱跑，你正住在北极熊的家里。的确，朗伊尔城周边生活着将近5000头北极熊，这远远超过了小城居民的数量。这里的居民每一年都会遇见十几头饥肠辘辘的北极熊，城里的幼儿园也被一道钢制的防熊围栏环绕着，作为防护。

在广袤极地，想翻山越岭追寻北极熊的踪迹，雪地摩托必不可少。朗伊尔城设有雪地摩托中心，游客可在那里学习驾驶要领。驾驶课的第一节，教练就会告诉你,在野外停下雪地摩托时,一定不可以熄火——你必须随时做好离开的准备,毕竟要是遇上北极熊,它可分不清楚你是热情善良的游客,还是新鲜可口的快餐。

朗伊尔城除了是北极熊的王国,也是世界上所有农作物种子的庇护所。在朗伊尔城外一座砂岩山的山腰上,有一座储藏着全世界农作物种子样本的地窖,它被称为"末日粮仓"。建造它的目的,就是在地球遭遇核战争、自然灾害或气候变化等灾难时,劫后余生的人类还能重新播种,保证世界农作物的多样性。

"末日粮仓"所处位置偏远,可远离各种外在威胁;拥有永久冻土地带,常年维持着零下18℃的均温,有利于种子保存;再加上"粮仓"所处位置高于海平面130米左右,即使在遭遇南极洲的冰层完全消融、海平面上升的情况下,也不会被淹没;粮仓可承受里氏6.2级地震和原子弹攻击,还配有武装巡逻警卫,以保护种子库的日常安全。在这样严密、周到的防护下,种子的保存时间极长,比如麦粒可储存超过1000年,高粱则可保证19 000年无忧。2015年,战火纷飞的叙利亚因为本国的种子库被炸毁,无法提供适合干旱地区种植的作物种子,于是,从先前存入这里的"备份"农作物种子中取出近130盒,成功地恢复了本国的农业生产。自2008年建成至今,"末日粮仓"已储存近90万个品种、1亿多粒的农作物种子。这些种子来自世界各地,它们的包装袋上印有所属国家的标识,通过对标识上的数字进行检索,就可以得到种子的详细信息。

在朗伊尔城,到处是最北的标签,医院是世界上最北的医院,纪念品店是世界上最北的纪念品店,即使是个卖烤串的,都是"世界上最北端的卖烤串者"。来到这座极北之城,只要合法,你可以做任何想做的事,而这要归功于1920年各国联合签订的《斯瓦尔巴条约》。条约规定,所有签字国的公民在斯瓦尔巴拥有平等的经商权,还可以无须签证自由进入,在遵守挪威法律的范围内从事正当的生产、商业以及科学考察等活动。1925年,中国也参加了该条约。

在这样的背景下,朗伊尔城就像一个迷你的联合国。但这里终究不是纽约、

上海那样的繁华大都市,在长达4个月连月光都看不到的极夜中,城内唯一的娱乐场所就是酒吧,这也是为什么朗伊尔城的人均酒精消费是挪威最高的原因。一位本地居民对此解释说:"人们会在漫长的黑暗中发狂或是抑郁……只有喝酒,才能让人冷静下来。"

当然,对于有些人来说,朗伊尔城的孤独与自由,正是他们苦苦追寻的。挪威作家奥德·伊万路德在《度日如年》里就这样写道:"我知道我为什么来这里,而不是充满了霓虹灯、大公司和人群的城市,因为我不总是喜欢我和别人打交道时的样子,我必须学会扮演很多其他角色……当然了,我不是上帝。我不能让风停止吹,也不能让雪说下就下,有时我甚至不能指挥我的雪橇狗。但在这里,我仅次于上帝,我是一个人,一个自己为自己负责的活生生的生命。"(文/梁凤英)

> 自然永远焕发光彩,它是唯一的、永恒普遍的光辉。人是自然的产物,存在于自然之中,并从自然中得到力量、生命和美,我们应该试着欣赏大自然,并遵从它的节律,与其和谐相处。当机会来临,不妨到广阔的天地中去,聆听自然的教诲。

> **开个脑洞**
>
> 我们脚下的泥土从哪里来？地球生成的时候就有吗？造土大军中的功臣都有谁？泥土为什么突然不够用了？它们都去了哪里？

菜地里的土壤都被蚯蚓吃过了吗

可能很多人没有想过这样的问题：我们脚下的泥土是从哪儿来的？

是地球生成的时候就有的吗？不是的。四十亿年前，地球表面的温度接近沸点。也就是说，那个时候的地球上并没有地，只有岩石。幸运的是，这些岩石上，生长着一种嗜热细菌。要问这细菌从哪里来，科学家也不能回答。这些嗜热细菌可没闲着，在它们的辛勤工作下，几十亿年下来，许多岩石转变为原始土壤，它们还消耗掉大气层中的二氧化碳，地球的温度下降了30℃到40℃。这些能生产土壤的细菌，是地球的功臣，没有它们，地球永远无法成为可居之地。

达尔文一生写了十多本书，最后一本是研究蚯蚓如何将灰尘和腐烂的树叶变成土壤的。这位致力于昆虫及植物研究的专家发现：地面上，每隔一段时间，就出现新的地表物质，是蚯蚓拱上地面的，这些物质，与那些灰渣覆盖下的细土极其相似，地底下的蚯蚓是不是在慢慢制造土壤？

自然，这又是一个疯狂的想法。达尔文开始在罐子里养蚯蚓观察。他尝试不同的蚯蚓喂食方法，并测算它们究竟能在多快的时间里将叶片和灰土转变为土壤。最后，他得出结果：全英国的菜地，已经被蚯蚓的肠道，一遍遍地吃进排出过。这个结论明确告诉人们，蚯蚓是土壤不断累积的功臣，是数百万年时间尺度上重塑土地的重要力量。

当然，用现代的视角仔细观察一下，造土大军中，不只是蚯蚓，还有许多穴居动物——地鼠、蚂蚁、白蚁等，它们都会将岩石碎屑混入土壤。许多植物的根系也会将石头撑开，比如悬崖峭壁上生命力旺盛的植物。此外，在风化作用下，许多岩石，终将变成颗粒，岁月会让它们消解，化身为土壤。

土壤是我们的生命所依，循着这个思路，能想到许多。中国最早的农民，应该是被黄河两岸大片冲积平原上的肥沃土壤吸引而来的，就如同游牧民族的逐草而居一样。

司马迁的《史记》写了夏禹的辛勤治水。那个时候，天下初分九州，大禹治水后根据九种不同的土壤等级来确定赋税。比如，天下第一州，冀州，土质最好，色白而松软，定为上上，就是第一等。这种管理土地的办法逐渐形成了制度。古希腊哲学家亚里士多德的学生将当时的希腊土地分为六种不同的类型，依据是核心土层之上富含腐殖质，能为植物提供养分的表土层的深浅或肥瘠。

千百年来，世界各地都流传着长长的泥土故事。

《左传》记述晋公子重耳流亡时和随从经过卫国，卫文公并没有以礼相待。他们在五鹿这个地方，饿得只好向乡下人讨饭吃，乡下人却捧了一块土给他们。重耳见此大怒，要用鞭子打那个人。狐偃劝道：这是上天赏赐我们土地呀。重耳一听，立即致谢，收下土块。

一千五百多年后，差不多的场景，出现在了英国。1066年9月，威廉以诺曼底公爵的名义夺取英格兰王位，率领一大批追随者从英吉利海峡登陆英格兰南部。威廉从海滩上岸时，不慎跌倒在地上，他急中生智，抓起一把土高声呼喊：我拥有了英国的土地！

泥土是百姓的衣食父母，更是王侯们的野心所在。

从地球的成长史中可以很容易得出一个结论，土壤不只是用来种植作物的，它还是一个十分严密的生态系统。你怎么对待它，就会得到怎样的回报，并终将影响到人类自身的生存。

人类看中的土壤，起初都十分肥沃，但任何沃土，都有地力耗尽的时候。

与普通的粮食作物相比，烟草会从土壤里吸收10倍以上的氮、30倍以上的磷，耕作过五年的烟草地，会因为土壤的营养缺失而长不出任何东西。随后，化学的力量在很大程度上短暂恢复了土壤的肥力，但化肥的滥用，在不知不觉中破坏了整个大自然的平衡。但人类一直将土地当作阿里巴巴的宝库，只管索取，不去呵护。

蝴蝶效应告诉我们，一个人无法阻止沙尘暴，却可以启动它。大自然用一个个非常极端的案例来告诫人类切勿滥用土地。美国学者戴维·R.蒙哥马利举了一个例子，可谓触目惊心：1934年5月9日，美国蒙大拿州和怀俄明州的土壤，被狂风撕碎后卷入空中。狂风裹挟着3亿多吨的土壤，以每小时100多英里的速度向前推进，在芝加哥，每个人的头上落下了平均4磅重的尘土，纽约州东部的布法罗，中午时分陷入一片黑暗。至5月11日傍晚，纽约、波士顿、华盛顿都有大片尘土。目击者说，从遥远的大西洋海面上望过去，天空中满是巨大的棕色乌云。

造成这一灾害的原因就是现代化的耕作方式，侵蚀土壤越来越厉害，土质疏松，表土流失严重，再加上干旱、风暴等恶劣气候，土壤才会在风力作用下在空中大规模迁徙。我们的许多草原，为什么没有以前绿、厚，而且不断沙化？原因很简单：开发过度。目前，全球有十分之一的土地正在沙漠化。

我们不要被资源不会枯竭或资源可以替代的假象所迷惑。乐观主义者说，地球至少可以顺利维持400亿人口。悲观主义者告诫,地球满打满算只能承载100亿,或者,150亿。无论哪种观点,都只是假设,而现实是,这个世纪末,100亿人口就会到来,看看现状就知道,这个世界,至少还有上亿人口生活在饥饿中。如果再碰上像好莱坞大片中所虚构的那些灾难,许多人就不会这么乐观了。因为,我们正在耗尽泥土。(文/陆春祥)

> 我们完全能够想象,最初,原始先民们闻着有香气的泥土,用自制的石器,在生命的味道里劳作,那时泥土就是人类最珍贵的财富。土地能满足我们的需要,但满足不了我们的贪婪。如果土壤消失,我们必将消亡,除非我们能找到以岩石为生的方法。泥土去哪儿了,但愿就在我们脚下,而不是随风飘逝,逐水奔流。

> **开个脑洞**
>
> 日本的"妖怪资格考试"是怎样一种存在？日本文化里的妖怪为什么那么多？让贞子成为贞子的"怨念"到底是为什么？中国古代的妖怪是怎么跑到日本的？

日本文化里为什么"妖风"扑面

也许再没有一个国家比号称拥有"八百万神明"的日本更为迷恋鬼神文化。在这里，有关妖怪的传说五花八门，在文学、电影以及动画作品中，常能见到姿态万千、性格迥异的各路妖魔鬼怪。

日本鸟取县西部的境港，甚至还连续多年举行"妖怪资格考试"，考生为取得颇具荣誉的"妖怪博士"称号，需回答类似这样的问题："旅人着急赶夜路，突然被柔软的物体绊住。战战兢兢用手一摸，发现是一团类似棉花的东西。这种妖怪的名字叫什么？它的家乡在哪里？"想在这场百分制的比赛中取得优异成绩其实不难。因为"妖怪资格考试"的出题范围基本不出已故日本鬼怪漫画第一人——水木茂的作品。

水木茂虽以《鬼太郎》这些鬼怪漫画出名，但他同时是一位著名的妖怪研究者。凭着对妖怪的热爱，水木茂创作了许多妖怪画作。这些妖怪形象，并非他凭空

想象，而是在查阅了大量古籍文献资料和古代绘画作品后，结合自己的想法创造出来的。认为世上有一千种妖的他，曾在耄耋之年提到，只要再给他50年，他就能把妖怪画全。遗憾的是，水木茂离世时，尚未完成自己的心愿。而他所作《妖怪大全》一书，是收录日本妖怪最多的书籍：内有妖怪数百种，神明一百多种。

在水木茂构筑的光怪陆离的世界里，每个妖怪都有自己的身世传说，它们也并非个个青面獠牙、面目可憎，有的妖怪其实性情温良、诙谐可爱，甚至有些"萌"，比如"袖引小僧"。相传在傍晚散步时，若感觉有什么东西一直在拉扯衣袖，这就是袖引小僧。而它拉人衣袖的目的很简单，就是让人心里打鼓："这到底是什么东西呀？"

袖引小僧捉弄人的功力不及"伊邪"。早前，生活在日本鹿儿岛县德之岛母间一带的人们都相信，雨夜时会有一种叫伊邪的妖怪出现，它的样子像个头顶破伞、身穿蓑衣的小孩，喜欢单腿蹦来蹦去。据说，人们若是遇到它，要拿一根玉米秆夹在两腿间，装成尾巴摇给它看，它就会以为这是自己的同类，不再作怪。否则，它会让人在山里迷路，走上几天都出不来。即便如此，伊邪还算得上是一个老实妖怪。只要渔夫夸它一句"你的尾巴真漂亮"，它就会激动得帮对方捕鱼。如果渔夫在船上高歌一曲，它就会在一旁连连叫好，兴奋地帮人划船。

与这些自带"萌"点的妖怪相比，"五体面"的样子实在没那么可爱。动画大师宫崎骏的电影《千与千寻》里，汤婆婆房间内三个跳动的人头，就很像传说中的五体面。这种妖怪没有身体，四肢直接长在圆圆的头上。相传在一些地主和贵族的宅子里，为接待来客，主人会专门设一间客厅。客人来到时，五体面就会现身表演，逗宾客开心。一般人都会被五体面奇怪的样子和搞笑的演出逗笑，但也有一些武士、贵族气质高冷，对五体面的表演不买账。这会让五体面的自尊心颇受打击，它会因此大发脾气，把客厅弄得一片狼藉，之后便泄了气，躺在地上呼呼大睡，脸上说不定还挂着伤心的泪。

日本很多妖怪是由怨念化成的。即便是日常器物，在被长久弃置后，也会因积聚怨气而成妖。

都讲"人不可貌相"，这个道理同样适用于妖怪。就像日本名妖"河童"，虽然看上去像个天真的孩子，却相当危险。它会诱人入河将其溺毙，会袭击在河边饮水的马，会掳掠在河边玩耍的孩童。它的恶事还包括吸人血、食内脏、破坏田地等，数不胜数。因此日本民间流传着很多免受河童伤害的方法。有些家长会告诫孩子，在河边遇到陌生小孩一定要鞠躬行礼，对方会以礼还之。如果是河童，它在鞠躬时，头顶上盘子里的水会流出，这些水恰好是维持它生命的能量之水，水若不在，它也就无法使坏。

很多凶恶残暴的妖怪，背后都有一个悲伤的身世传说。比如，如果见到饥饿的老人不予救助，或是未施舍食物给饥饿的旅人，任其饿死，这些因饥饿而死的人的亡灵就会化为妖怪"首啮"。等到这些见死不救的人死去后，首啮就会出现在他们的墓地，咬他们的脑袋。首啮的存在，或许警示人类不要唯利是图、罔顾人情，而它也代表了一众由怨念化成的日本妖怪，它们多在生前横死，死后不断寻人报复。

不光人类会有怨念，在日本人看来，日常器物如碗盆、扫帚、桌椅在被主人长久弃置后，也会因积聚怨气而成妖，类似中国的物久成精，在日本它们被称作"付丧神"。这些器具之怪很多并不伤人，比如"草鞋怪"，或许是因为嫉妒，它喜欢用舌头舔主人的新鞋，让其充满臭脚味；被人用旧后随手扔在一旁的白色抹布，会变成妖怪"白容裔"，每天深夜它都会在主人房间飞来飞去，委屈地抽打着各种摆设。不难看出，这些付丧神或多或少也带着人类的情感。妖怪们有着人类一样的爱恨情仇，也会遭遇人类亘古不变的道德困境。

日本虽然盛行妖怪文化，但这些妖怪中有七成原型是来自中国的。有学者指出，公元5世纪，佛教从中国传入日本，一些神话故事也借由佛经东渡日本。随

后，中国古典志异笔记大量流入日本。佛教神话、古中国玄幻故事与日本本土妖怪传说嫁接结合，开始成为街头巷尾的谈资。

在众多"舶来"的妖怪中，河童就是一个代表。据说它是我国古代黄河水神河伯的变体。河伯因调戏洛神，被后羿射瞎了一只眼，从中国逃到日本，身材也变得矮小。至于日本传说中的绝世美女"玉藻前"，则与妲己有关。根据日本传说，商朝灭亡后，姜子牙追杀妲己，无处藏身的它先是流亡至印度，后东渡扶桑，来到平安时代的日本，化名玉藻前，继续以魅惑君主为己任。（文/罗　屿）

> 相比日本，中国的妖怪其实有更为久远的历史，但自孔子以来，文人学者讳言怪力乱神，妖怪文化便未能开枝散叶。来自日本的"妖风"吹到中国，或许会让很多人发现，看似怪诞不经的妖怪世界，不只有可怖与憎恶，还有悲悯与爱。妖怪身上多有人性的种种缩影。人类的迷茫困惑、爱恨情仇，以及亘古不变的道德困境，都隐藏在一个个怪谈背后。所以，长久以来，妖怪离人类一点儿都不遥远。

不见阳光的我们哪里有问题?除了阳光,我们为什么也要感受黑夜?我们到底需要多少光照?今天,我们还需要与地球作息相呼应吗?

是时候让自己与地球融为一体了

莫顿·霍尔莫·彼得森曾在丹麦哥本哈根一处没有窗户的地下公寓生活过。他坦言,这种日子太难熬了。"即使有电灯照明,可如果白天不出门,我根本无法感知时间!"彼得森说,这让他脾气暴躁、心情抑郁,"如果生活在一个只有人造光的环境里,总觉得生活好像少了什么。虽然我说不清少了什么,但这肯定和情绪、身体、精神相关。"

事实上,这就是大多数现代人的日常生活。据统计,现代人有90%的时间是在室内度过的。而在19世纪之前,人类拥有的人造光源仅有木头燃烧的火焰、烛光或是由鲸油制成的长明灯。为了获取光明,人们需要大量的户外活动。

而电灯的发明彻底改变了我们与光的关系。如今,我们已习惯生活在人造光中,似乎有了人造光之后,自然光也变得不那么重要了。真的是这样吗?为了了解自然光和人体健康之间的关系,科学家招募了大量像彼得森这样的研究对象,开展了一系列研究，结论很明确。

即使人类已经发明了电灯，但信奉自然主义的阿米什人依然过着传统的农耕生活，这让他们比大多数现代人睡得更好。事实上，与自然光的强度相比，人造光只能称得上微光。

在学界，测量光照量的单位是勒克司。科学家分别测量了阿米什人在日常生活中的光照量（阿米什人拒绝现代社会中的大部分科学科技和生活方式，过着传统的农耕生活）和普通英国人生活中的光照量，得出的数据是，白天，阿米什人的平均光照量为4000勒克司，而英国人的光照量仅为587勒克司。哪怕在冬天，英国人的光照量已经降低到了210勒克司，阿米什人却还有1500勒克司。

由此可见，现代生活模式让我们在白天"吸光"严重不足，而这会引发一系列连锁反应。曾经有一项关于"建筑中的光照量与人体健康的关系"的调查，得到了一组令人沮丧的结果：在室内，人与窗口的距离超过一米后，所能享受的光照量就会迅速减少。该研究比较了办公室员工们的睡眠后发现，比起没能享受到充足光照的员工，那些获得了更多光照的员工能在晚上更快地进入睡眠状态。

其他研究也印证了上述研究结果。白天更充足的光照与晚上更高质量的睡眠、更多的深度睡眠确实紧密相关，而且就算同样晚上睡不着，但享受到了更多光照量的人，在第二天也更加不嗜睡。

很难想象，在光污染泛滥的现代都市，要怎么做才能把夜晚归还给黑暗？夜晚的璀璨灯火虽然是现代化的一种象征，实际上却给人体带来沉重负担。同样以英国人和阿米什人来进行光照量上的数据对比：到了晚上，阿米什人家中的光照量仅有101勒克司，英国人的光照量却是其5倍。

夜晚过多的光照为何会成为人体的沉重负担？这是因为人体的感光细胞——视网膜神经节细胞（ipRGC）对属于蓝色光谱区的光特别敏感，这包括日光、LED光和屏幕光。到了夜晚，蓝光会刺激ipRGC细胞，把信号传送到控制身体灵活性的相关脑区中。一项研究发现,哪怕在低光量的蓝光环境中待一小时,人也会变得更亢奋,远比喝两杯咖啡有效。

此外,这些细胞还会把信号传送到一个叫作"视交叉上核"(SCN)的脑部小组织中。它是人体内的时间指挥棒,指挥着每个细胞的生理时间、昼夜节律。夜晚长时间暴露于光线下,会让SCN推迟细胞的"工作时间表",最终让你彻夜难眠。

除了让人体生物钟紊乱、使人变得更紧张外,夜晚灯光还会抑制一种具有"守夜人"功能的荷尔蒙分泌——褪黑素。这种激素能在大脑各部位之间传递信息,告诉各个细胞"现在是晚上""该休息了",从而促进人体进入睡眠状态。

所以,到了晚上,让自己回到彻底的黑暗之中,非常重要。

如果按照大自然的作息规律生活,会怎样?

为此,科学家邀请12名志愿者在丹麦一座小岛上的玻璃房里住了三晚。这些志愿者入住玻璃房的时间选在了昼夜等分的春分、秋分日。研究的主导者、瑞典于默奥大学日光研究者卡塔琳娜·伍尔夫发现,当志愿者们在玻璃房里睡了一晚后,清晨时,他们身体的灵敏度提高了。而且,可能因为晨光及时洒满了房间的每一个角落,褪黑素水平也比平时提早了26分钟开始降低——这意味着,对身体来说,夜晚提前结束了。

"这等于在醒来前给了身体一个缓冲期。此时,大脑的整个神经系统开始更好地同步工作,人体在醒来后就不会感觉很累。"研究者称。对人体而言,能够感知到日夜交替是非常重要的。而这意味着,我们白天要多晒晒太阳,晚上要尽可能关闭灯光。

迄今为止,我们仍不清楚人体每天所需的最佳光照量是多少,而且这一数值很可能会随着我们的健康状况及健康期望值而有所不同。虽然还有许多关于阳光的奥秘有待科学家们去破解,不过可以肯定的是,人类在进化之路上颇受阳光眷顾,

未来也需要继续和太阳做朋友。

关于光与黑暗如何影响我们的生理机制，还有很多地方值得探究。然而，有一个基本原则是可以肯定的，那就是白天我们需要更充足的光线，而在夜晚，我们则需要彻底的黑暗。我们生活在一个有着24小时日夜循环的星球上，是时候再次让身体与地球作息相呼应了。（编译/泓　豆）

> 美国著名作家梭罗给生活提供了另一种思考。当他提着一串鱼、扛着钓竿穿过树林回家的时候，天色已经完全黑了下来。所谓家，就是湖边的一间小木屋。借着林间微弱的星光，他瞥见一只土拨鼠偷偷地穿过小径，他立刻感到一阵野性的喜悦。梭罗并非强调我们应该像野兽一样生活，而是应该更接近自然。如果我们远离了白昼和黑夜，大自然当然也就离我们更远了，而我们是大自然的一部分。